무명한 자 같으나 유명한 자

무명한 자 같으나 유명한 자

초판 1쇄 발행 2012년 11월 28일

지은이 송준석
펴낸이 김용환, 이종세
책임편집 박보영
디자인 su:

펴낸곳 할라스
출판등록 2011년 11월 11일 제25100-2011-000023호
주소 경기도 부천시 원미구 부천로 198번길 경기콘테츠창조센터 202동 1510호
전화 070-7623-1216
팩스 032-232-1019
전자우편 halasbook@naver.com

값 13,000원   ISBN 978-89-967998-2-5 03230
ⓒ 송준석

· 〈무명한 자 같으나 유명한 자〉는 〈떡 굽는 사람 맛디다〉의 개정판입니다.
· 이 책의 판권은 할라스에 있습니다.
· 잘못된 책은 바뀌드립니다.
· 이 책의 전부 또는 일부 내용을 재사용하려면
  사전에 저작권자와 할라스의 동의를 받아야 합니다.

| 하나님 보시기에 특별한 사람 |

무명한 자 같으나
유명한 자

송준석 지음

할라스

— 추천의 글

성경 속에 나타난 믿음의 인물들을 찾아가는 모험은 우리를 설레게 하고 기대하게 합니다. 이 책은 이런 믿음의 사람들 속에서 하나님이 어떻게 간섭하시고 역사하셨는지를 보여줍니다. 위기 속에서 기회를 허락하시는 하나님, 일상에서 특별한 은총의 삶을 경험하게 하시는 하나님, 어두운 그늘 속에 있는 사람들에게 생명의 빛을 선물하시는 하나님을 만나게 됩니다.

《무명한 자 같으나 유명한 자》는 역대상하의 말씀에서 오늘의 삶의 현장까지를 구체적으로 연결하고 있습니다. 송준석 목사님은 소망교회에서 사역하던 귀한 동역자입니다. 이 책을 읽으면서 송 목사님의 말씀을 읽는 통찰력, 삶과 연결시키는 맛깔스러운 적용의 즐거움을 엿볼 수 있었습니다. 물론 그가 목회자로서 경험했던 삶의 애환도 빠질 수 없습니다.

이 책을 통해 많은 분들이 치열하고 살벌한 이 세상에서 믿음의 삶을 살아가는 방법, 지혜와 용기를 얻기 바랍니다. 한국교회의 독자들에게 기쁜 마음으로 추천합니다.

소망교회 담임목사 **김지철**

《무명한 자 같으나 유명한 자》는 말씀의 떡을 굽는 목회자의 손길에서 나온 책입니다. 이 책을 쓴 송준석 목사님은 말씀을 사랑하는 분입니다. 저자는 말씀 속에 숨겨진 보화를 발견하는 일에 헌신했습니다. 어떤 책보다 성경이 가장 보배로운 책이며, 우리에게 필요한 모든 것이 말씀 속에 담겨 있다는 확신 속에서 이 책은 시작되었습니다.

저자는 역대상하 말씀 속에서 하나님의 지혜라는 보석을 발견했습니다. 하나님의 통찰력입니다. 우리 삶 속에 적용할 불변하는 원리입니다. 저자는 말씀 묵상의 마지막을 적용과 기도로 마무리합니다. 적용이 없는 해석은 열매 맺지 못하는 나무와 같음을 알기에 적용을 강조합니다. 기도가 없는 적용은 헛된 약속을 남발하는 것과 같기에, 기도로 마무리를 짓습니다.

저는 이 책을 말씀 속에 감추인 보화를 캐내기를 갈망하는 분들에게 추천하고 싶습니다. 말씀과 말씀을 연결시켜 성경을 깊이 연구하기를 원하는 분들에게 추천하고 싶습니다. 광야 같은 세상 길을 오직 주님, 오직 말씀, 오직 믿음 그리고 오직 은혜를 의지하며 걸어가기를 열망하는 분들에게 추천하고 싶습니다.

새생명 비전교회 담임목사 **강준민**

── 여는 글

    예전에 "떡 굽는 사람 맛디다" 라는 제목으로 출판했던 책을, 이번에 제목을 바꾸어 다시 내게 되었습니다. 다시 낸다는 것이 스스로 부끄러운 점도 있었지만, 이 책을 찾는 분들이 꾸준히 계셨기에, 그리고 할라스의 요청이 있었기에 용기를 냈습니다. 몇 군데의 오류를 수정한 외에 내용은 초판 그대로입니다.

    성경에 기록된 역사에는 하나님의 뜻이 분명하게 드러나 있기 때문에, 성경의 역사를 살펴보는 것은 삶의 지혜를 얻는 매우 유익한 방법입니다. 이 책이 다루는 역대상하는 이스라엘의 역사를 담고 있습니다. 그런데, 역대상하 첫 장을 펴면 9장까지 사람 이름만 가득합니다. 역대상 10장부터 마지막 장까지는 다윗, 역대하는 이스라엘 왕들의 역사입니다. 겉으로 보면, 역대상하는 바로 앞에 있는 사무엘상하와 열왕기상하의 이야기를 되풀이하면서, 이스라엘 조상들의 긴 명단을 덧붙인 셈입니다.

    하나님은 왜 이렇게 불필요해 보이는 내용을 성경에 집어 넣으셨을까요? 하나님의 말씀 중에 필요 없는 부분이나 무의미한 부분이 있을 리 없는데 말입니다. 성경에 역대상하가 존재하는 이유를 찾는 것. 이 책을 읽기 전에 먼저 해야 할 일입니다.

이스라엘 사람들이 읽는 히브리어 성경은 우리 성경과 기록 순서가 좀 다른데, 히브리어 성경은 성경 각 책의 기록 순서를 잘 반영합니다. 히브리어 성경의 맨 끝이 역대상하입니다. 즉, 역대상하는 구약 성경 중 가장 나중에 기록된 책 가운데 하나입니다. 구약의 마지막 시대는 이스라엘 역사 중 '포로 후기'라고 불리는 때입니다. 역대상 9장에 나오는 명단이 포로생활을 하다가 고향으로 돌아온 사람들이라는 것도 이 기록 연대를 증명합니다.

즉, 역대상하는 포로 후기를 살아간 사람들을 향한 하나님의 메시지입니다. 이것이 역대상하의 기록 이유입니다. 하나님은 역대상하의 첫 독자들을 향해 꼭 말씀하고 싶은 것이 있으셨고, 역대상하는 이 말씀을 역사책 형식으로 담아냈습니다. 그렇다면, 역대상하를 잘 이해하는 첫걸음은 이 첫 독자들을 향한 하나님의 메시지가 무엇인지를 찾아보는 것입니다.

이스라엘은 북이스라엘과 남유다로 갈라졌습니다. 북이스라엘이 앗수르에게 멸망하고, 남유다는 바벨론에게 멸망했습니다. 멸망하기 약 20년 전인 기원전 605년부터 나라가 멸망한 기원전 587년까지 여러 차례에 걸쳐 바벨론에 포로로 잡혀갔습니다. 그리고 그 바벨론을 멸망시키고 바사(페르시아)가 그 지역의 패권을 잡았습니다. 역대하 끝부분에 보면 바사 왕 고레스의 칙령이 나오는데, '고향으로 돌아가 성전을 건축하라."는 내용입니다. 이것이 기원전 538년입니다. 그러니 길게는 70년, 짧게는 50년 만에 포로의 2세, 3세들이 고향으로 돌아온 것입니다. 이로부터 '포로 후기'라 불리는 이스라엘의 역사가 시작됩니다.

성경 중 에스라, 느헤미야, 학개, 스가랴, 말라기 등이 이 시대의 삶을 보여줍니다. 참 힘겨운 삶이었습니다. 어떤 이들은 그 어려운 환경 속에서도 신앙을 잘 지켰습니다. 그러나 또 어떤 이들은 고향에 돌아올 때의 열정을 잃어버리고 하나님을 원망하며 신앙을 버리기도 했습니다.

역대상하는 바로 이들을 향한 메시지입니다. 한 시대를 살았던 사람들을 향한 구체적인 메시지입니다. 이 메시지를 읽어냄으로써 오늘 우리를 향한 하나님의 말씀을 듣는 것이 이 책의 목적입니다.

이 책에서는 역대상하 65장을 14장으로 나누었습니다. 먼저 각 부분마다 짧은 본문 하나를 택해 성경에 왜 이런 말씀이 있는지를 질문하고 그에 답하면서 첫 독자들을 향한 하나님의 메시지를 찾고자 했습니다.

다음은 본문의 메시지와 관련된 신구약 성경의 내용들을 찾으며 '말씀에서 말씀으로' 연결했습니다. 주석적으로 어렵게 연결하기보다는 필자의 성경 읽는 방식에 따라, 메시지가 서로 연결되는 성경의 다른 본문들을 찾았습니다. 그리고 '말씀에서 삶으로' 라는 생각을 가지고 메시지를 우리 삶에 연결하고 기도로 마무리하고 있습니다. '이렇게 해야 한다.' 는 억지스러운 결론이 아닌 말씀에 비추어 오늘 우리 자신의 삶을 진지하고 솔직하게 돌아보고자 했습니다.

마지막으로 '역대상하 한눈에 보기'를 통해 각 장의 핵심적인 성경 본문을 중심으로, 장 전체를 요약했습니다. 역대상하의 전체 맥락을 놓치지 않도록 하기 위한 장치입니다.

책을 펴내면서, 감사드릴 분들이 많습니다. 15년의 사역 기간 동안 말씀과 삶을 함께 나누었던 중가동교회, 은광교회, 영암교회, 원주영락교회, 소망교회, 감사선교교회, 묘동교회 교역자와 교우들에게 감사드립니다. 추천사를 써 주신 김지철 목사님과 강준민 목사님께 감사드립니다. 사랑하는 가족에게 감사의 말을 전합니다. 할라스의 김용환대표의 권함을 받아 개정판을 내게 된것 감사드립니다.

이 책을 히네니교회 성도들에게 드립니다. 저는 뜻을 함께하는 이들과 함께 1년여 전에 '히네니교회'(히네니 : '내가 여기 있나이다')를 개척했습니다. 맛디댜가 '무명한 자 같으나 유명한 자'로서 떡을 구웠듯이, 함께 떡을 구워가는 이들이 여기 있습니다. 그리고 이 책을 수많은 맛디댜들에게, 이름이나 대가에 상관하지 않고 하나님이 주신 달란트를 확장하며 내놓는 삶을 살아가는 분들에게 드립니다.

무엇보다도, 질문하고 생각하며 저를 돌아보게 하는 놀라운 생명의 말씀을 주신 주님께 감사드립니다.

2012년 11월 일원동의 히네니 교회 예배실에서

— 차례

추천의 글　04

여는 글　6

**첫번째
이야기
역대상**

무명한 자 같으나 유명한 자　14

택함받은 자　32

성장하는 자　49

힘줄을 끊은 자　71

미래를 준비하는 자　92

두번째 이야기
역대하

드리는 복을 받은 자　114

버릴 줄 아는 자　134

존귀에 처할 줄 아는 자　148

열린 마음으로 듣는 자　166

말씀의 능력을 아는 자　184

거슬러 올라가는 자　200

선한 영향력을 끼치는 자　220

두드리는 자　236

애통하는 자　257

닫는 글　274

첫번째
이야기

역대상

무명한 자 같으나 유명한 자 · 택함받은 자 · 성장하는 자
힘줄을 끊은 자 · 미래를 준비하는 자

무명한 자 같으나 유명한 자

오랫동안 바벨론 밑에서 포로생활을 해 온 유다 백성들이 드디어 고향, 예루살렘으로 돌아왔습니다. 우리나라가 일본에게서 해방되었을 때의 기쁨과 비교할 수 있을지 모르겠습니다. 이제부터 당시 이스라엘의 상황으로 깊이 들어가 보도록 합시다. 성경에는 포로생활 기간이 70년으로 기록되어 있습니다. 대하 36:21 그러니까 포로로 잡혀간 사람들은 대부분 죽고 그 아들, 손자, 혹은 증손자들이 고향으로 돌아온 것입니다.

포로생활 하면 대개 채찍을 맞으면서 채석장에서 강제노동하는 장면을 떠올립니다. 그러나 유다의 포로들은 그렇게 살지 않았습니다. 나름대로 그 땅에 뿌리를 내리고, 때로는 부와 명예도 누리면서 살았습니다. 그 증거가 성경에 있습니다. 에스라, 느헤미야, 다니엘 같은 사람들은 포로로 잡혀간 땅에서 상당히 높은 위치까지 올랐습니다.

에스더는 왕후가 되기도 했지요. 70년의 세월이 지나면서 그곳에서 태어난 2세, 3세들은 당연히 그곳의 언어와 풍습에 매우 익숙했을 것입니다.

그런 사람들에게 고향으로 돌아가 성전을 지으라는 왕의 칙령이 떨어졌습니다. 기쁨은 잠시, 예루살렘으로 돌아가면 누리고 있던 삶의 기반을 모두 버려야 합니다. 직장을 버리고 집을 버려야 합니다. 지금이라면 집과 땅과 사업을 정리하고 그 돈으로 새로운 곳에서 새로운 일을 시작할 수도 있겠지만, 당시 사회는 그렇지 않았을 것입니다. 집이며, 땅이며 그냥 버리고 떠나야지, 누구에게 팔겠습니까?

가는 길도 문제입니다. 고향 땅까지 거리가 수백 킬로미터입니다. 온 가족이 이삿짐을 싸 가지고 그 먼 거리를 이동하려니 아득합니다. 안전한 길도 아닙니다. 그리고 고향에 돌아가면 반겨 줄 사람이 있을까요? 아닙니다. 밑도 끝도 없이 각자의 호구지책을 찾아야 합니다. 버려진 땅을 개간해서 농사를 지어야 할지도 모릅니다. 그리고 버려진 땅에 다시 농사를 짓는 것은 여간 어려운 일이 아닙니다. 예루살렘으로 돌아가는 것은 '야, 드디어 포로생활이 끝났구나.' 하고 환호성 칠 일이 아니라, 삶을 통째로 헌신해야 하는 어려운 결단의 문제였습니다.

재일교포들은 대부분 일제 때 강제로 끌려간 분들과 그분들의 자손들입니다. 하지만 지금 재일교포들은 강제 노동을 하며 살지 않습니다. 교육도 받고, 사업도 하고, 재산도 모읍니다. 차별을 받기도 하지만 이겨내며 삽니다. 그런데 우리 정부에서 재일교포들에게 이렇게 공포한다면 어떨까요? '한국 땅으로 돌아와서 조국을 위해, 망해가는 기업을 위해 일해 주십시오. 대신 보수는 못 드립니다.' 이미 일본어가 한국어보다 훨씬 익숙한, 아니 한국어를 모르기까지 하는 재일교포 2세, 3세들이 삶의 기반을 모두 버리고 고국으로 돌아올까요? 쉽지 않을 것입니다.

이스라엘 사람들도 마찬가지였습니다. 포로 귀환이 한 번으로 끝나지 않았다는 것이 바로 그 증거입니다. 성경에 기록된 포로 귀환은 세 번입니다. 첫째는 에스라서 1장 이하, 둘째는 에스라서 7장 이하, 셋째는 느헤미야서입니다. 그 중 둘째 귀환시에는 돌아가고 싶어하지 않는 레위인들을 에스라가 설득하는 장면이 나오기도 합니다. 즉, 역대상 9장에 나오는 명단은 어려운 결단을 하고 예루살렘으로 돌아온 사람들입니다. 성전을 세워 하나님께 영광을 돌리기 위해서 말입니다.

◎ 고라 자손 살룸의 맏아들 맛디댜라 하는 레위 사람은 전병을 굽는 일을 맡았으며. 대상 9:31

떡 굽는 사람 맛디댜

역대상 첫 부분은 사람 이름으로 가득 차 있어서 읽기가 쉽지 않습니다. 그런데 그 중에 눈을 멈추게 한 구절이 바로 9장 31절, '맛디댜'라는 사람에 관한 말씀입니다. 한 레위 사람이 전통을 따라 전병, 즉 제사 때 쓰는 떡 굽는 일을 맡았다는 내용입니다.

언뜻 보아서는 그다지 의미 있는 구절이 아닌 듯합니다. 그러나 역대상 9장의 흐름을 보면 고개를 갸웃하게 됩니다. 역대상 9장은 유다가 멸망할 때 포로로 잡혀갔다가 돌아온 백성들의 명단을 각 지파와 가문의 대표자를 중심으로 기록했습니다. 그런데 사람 이름과 직무를 한 구절 안에서 직접 연결해 "아무개가 이런 일을 맡았다."라고 한 것은 31절이 유일합니다. "맛디댜라는 사람이 떡 굽는 일을 맡았다."

성경은 왜 하필 떡 굽는 사람의 이름을 특별히 기록했을까요? 떡 굽는 일이라면, 그 일 때문에 나라가 흥하는 것도 아니고 위기가 사라지는 것도 아닙니다. 떡 잘 굽는다고 사람들이 큰 은혜를 받지도 않습니다. 설령 떡이 좀 잘못 구워졌다 해도 그다지 큰 문제는 아닙니다. 그런데 왜 역대상 9장에 "맛디댜라는 레위 사람은 전병 굽는 일을 맡았다."라는 기록이 있는 것일까요?

맛디댜는 포로된 땅에서 태어나 안정된 직장(?)에서 잘 지내고 있었습니다. 그런 그에게 예루살렘에 돌아갈 수 있다는 소식이 전해집니다. 예루살렘에 돌아가면 어떤 일을 하게 될까요? 레위인은 조상 대대로 내려오는 일을 해야 하기 때문에, 떡 굽는 일을 해야 합니다. 바벨론에서 하지 못한 일을 이제 이어가야 하는 것이지요. 생각만 해도 지루한 일입니다. 게다가 자신이 선택한 일도 아니고, 일방적으로 주어진 일입니다.

이런 면에서 보면, 레위인들은 다른 사람들보다 고향으로 돌아가기가 더 어려웠습니다. 역대상 9장에 적힌 레위인의 업무 목록을 보면 이렇습니다. 문지기, 기구 나르기, 제사 도구 관리, 찬양. 찬양 외에는 그다지 즐거워할 만한 일이 없습니다. 그런 일을 평생 해야 한다니, 부담이 얼마나 컸겠습니까?

그런데도 레위인들은 돌아왔고, 그 가운데 한 사람이 맛디댜입니다. 여기서 다시 한번 생각해 봅시다. 탁월한 리더십이 필요하지도 않고 특별한 기술이나 창조력도 필요 없는 일, 잘한 티도 나지 않고 못한다고 큰 문제가 생기지도 않는 일, 한마디로 영향력이라고는 거의 없는 일을 하는 맛디댜를 성경은 왜 이렇게 특별히 기록했을까요?

하나님이 기억하신 맛디댜의 충성

답은 단순합니다. 하나님의 시각으로 볼 때, 맛디댜가 하는 일은 특별합니다. 다시 말하면 맛디댜가 하는 일은 '하나님 앞에서' 특별합니다. 사실 그 일만 특별한 것이 아니라 별 것 아닌 듯 보이는 레위인들의 일, 9장에 나오는 그 모든 일들이 하나님 앞에서는 특별했습니다. 어디 레위인들의 일만 특별하겠습니까? 당대를 살던 한 사람 한 사람의 삶이 하나님 앞에서는 다 특별했습니다. 하나님의 백성으로서, 하나님의 성전을 향한 열심 때문에 예루살렘에 돌아온 사람들인데, 하나님이 왜 특별하게 여기지 않으시겠습니까? 밭 가는 일이든, 그릇 나르는 일이든, 불침번 서는 일이든, 어느 것 하나 하나님 앞에 귀하지 않은 것이 없습니다.

그런데 왜 유독 맛디댜입니까? 이에 대해 조심스럽게 결론을 내려봅니다. 맛디댜는 자신이 맡은 '특별한 일'을 특별한 일답게 했을 것입니다. 전병 굽는 일, 그냥 쉽게 할 수도 있는 일이지만 맛디댜는 온 정성을 기울였을 것입니다. 하나님이 기억하실 만큼 말입니다.

이것이 바로 당대를 살아가는 지친 유다인들에게 하나님이 주신 메시지입니다. 하나님의 성전을 위해, 하나님을 위해 헌신한 사람들을 하나님은 결코 잊지 않으십니다. 버리지 않으십니다. 성경에 기록할 만큼 기억하십니다. 이스라엘의 위대한 지도자들 중에서도 역대상하의 명단에 빠진 사람들이 적지 않습니다. 그러나 아무도 주목하지 않는 작은 일을 온 마음으로 감당한 맛디댜, 아무리 열심히 해도 부자 되는 것과는 상관없는 그 일을 기쁨으로 계속한 맛디댜를 하나님은 분명히 기억하십니다. "고라 자손, 살룸의 맏아들 맛디댜여, 네가 전병 굽는 일을 맡았구나!" 그러니 얼마나 복된 사람입니까?

이것은 당시의 백성들을 향한 하나님의 위로입니다. 천지의 주인이신 하나님이 기억하신다는 것과 비할 수 있는 것이 어디 있겠습니까? 아무리 많은 보화와 높은 명예를 가진다 해도 하나님이 기억해 주시는 것과는 비교할 수 없습니다. 하나님은 바로 그 사실을 일깨워 주면서 위로하고 힘을 주고자 하신 것입니다. 비단 맛디댜만이 아니라 그와 같이 살아가는 사람들을 하나님이 기억하신다는 사실을 말입니다.

그러나 이것은 위로만이 아니라 준엄한 책망이기도 합니다. 이 백성은 하나님을 위해 모든 것을 버리고 왔지만, 백성들의 눈은 하나님이 아니라 이 땅을 더 많이 향하고 있었습니다. 그래서 세상적인 부분이 채워지지 않을 때 답답해하고 낙담했습니다.

> 이는 너희가 말하기를 하나님을 섬기는 것이 헛되니 만군의 여호와 앞에서 그 명령을 지키며 슬프게 행하는 것이 무엇이 유익하리요 지금 우리는 교만한 자가 복되다 하며 악을 행하는 자가 번성하며 하나님을 시험하는 자가 화를 면한다 하노라 함이라. 말 3:14-15

이 구절에서 볼 수 있는 것은 신앙생활은 하지만 기쁨 없이 살아가는 백성, 자기는 다 내어놓았지만 받아 누리는 것은 없다고 불평하는 백성입니다. 이들을 향해 하나님은 맛디댜의 이름을 통해 이렇게 말씀하십니다. "너희의 눈을, 너희의 기준을 바꾸어라! 땅만 바라보는 그 눈을 들어 하나님을 바라보아라!" 이것이 바로 현실의 어려움을 이겨내는 능력의 근원입니다.

◎ 무명한 자 같으나 유명한 자요 죽은 자 같으나 보라 우리가 살아 있고 징계를 받는 자 같으나 죽임을 당하지 아니하고 근심하는 자 같으나 항상 기뻐하고 가난한 자 같으나 많은 사람을 부요하게 하고 아무것도 없는 자 같으나 모든 것을 가진 자로다. 고후 6:9-10

무명한 자 같으나 유명한 자

"무명한 자 같으나 유명한 자." 이것은 바울의 고백입니다. 무명하면 무명한 것이고 유명하면 유명한 것이지, 무명한 자 같으나 유명한 자라니, 도대체 무슨 뜻일까요?

세상에는 무명한 자 같으나 유명한 자도 있고, 유명한 자 같으나 무명한 자도 있습니다. 유명한 자 같으나 무명한 사람, 어떤 사람이겠습니까? 아무개 하면 권력과 재력으로 유명합니다. 그러나 하나님은 그 사람을 모른다 하십니다. 이 세상에서는 유명하지만 하나님 앞에서는 이름이 없는 사람. 유명한 자 같으나 무명한, 참으로 불행한 사람입니다.

그러나 반대로, 무명한 자 같으나 유명한 자가 있습니다. '이 책을 읽는 독자 아무개' 하면 전국민이 다 알아주는 사람입니까? 대부분 아닐 것입니다. 그저 우리 가족과 주변 몇몇 사람만 이름을 알 정도이겠지요. 그러나 하나님 앞에서 우리는 유명합니다. 하나님의 생명책에 이름이 있으니, 유명有名한 것입니다.

무명한 자 같으나 유명한 자, 맛디댜는 그런 사람이었습니다. 세상 사람들은 맛디댜라는 이름을 모릅니다. 그러나 하나님은 아시고, 그래서 하나님의 책에 그 이름을 기록하셨습니다. 그런 사람은 죽은 자처럼 아무 능력도 없어 보입니다. 그러나 누구보다도 힘 있게 살아 있습니다. 영원한 삶을 살고 있기 때문입니다. 그는 사는 게 평탄치 않아서 근심하는 사람같이 보입니다. 그러나 항상 기뻐합니다. 하나님과 친밀한 교제를 누리고 있기 때문입니다. 그는 가난한 사람 같습니다. 실제로 이 세상의 기준으로는 가난합니다. 그러나 많은 사람을 부요하게 하는 사람입니다. 맛디댜, 그가 구운 떡으로 예배하며 나누는 많은 사람들이 있었습니다. 그는 예배자들을 부요하게 하는 사람입니다. 그리고 하나님이 그 사실을 기억하십니다.

그래서 그는 아무것도 없는 사람 같지만 실은 모든 것을 가진 사람입니다. 하나님의 사람이니까, 하나님의 자녀니까, 이 천지의 주인이신 하나님이 기억하시는 사람이니까, 영원한 생명을 가진 사람이니까, 모든 것을 가진 사람입니다.

예수 그리스도가 바로 그런 분이었습니다. 그분은 실패자로, 무명하게 죽으셨습니다. 징계를 받고 죽으셨습니다. 근심하는 자같이 보이셨습니다. 가난하여 아무것도 없는 자 같았습니다. 그러나 우리가 늘 고백하듯이 예수 그리스도는 유명한 분이요, 살아 계신 분이요, 항상 기뻐하시는 분이요, 많은 사람을 부요하게 하시는 분, 모든 것을 지니신 분입니다.

한계를 뛰어넘은 야베스의 기도

본문에서 또 한 사람의 '무명한 자 같으나 유명한 자' 를 살펴보겠습니다. 역대상 4장 9-10절에는 한 사람의 삶이 유독 길게 기록되어 있습니다. 몇 년 전에 《야베스의 기도》라는 책이 출판된 이후 상당히 유명해진 구절입니다.

야베스는 그의 형제보다 귀중한 자라 그의 어머니가 이름하여 이르되 야베스라 하였으니 이는 내가 수고로이 낳았다 함이었더라 야베스가 이스라엘 하나님께 아뢰어 이르되 주께서 내게 복을 주시려거든 나의 지역을 넓히시고 주의 손으로 나를 도우사 나로 환난을 벗어나 내게 근심이 없게 하옵소서 하였더니 하나님이 그가 구하는 것을 허락하셨더라.

'야베스' 란 이름은 '수고로이 낳았다', 다시 말하면 '고통' 이라는 뜻입니다. 그는 자라면서 늘 이 이름으로 불렸습니다. '얘, 고통아.' '고통아, 넌 왜 이름이 그 모양이니?' 그 이름이 얼마나 싫었을까요? 그러나 그는 기도하는 가운데 이름의 한계를 뛰어넘었습니다. 삶의 영역을 넓혀 달라는 기도가 응답받은 것입니다.

그런데 야베스에 관한 본문을 보면서 떠오르는 질문이 있습니다. 역대상은 왜 하필 야베스라는 사람을 이렇게 자세히 기록했을까요? 그가 어떤 사람이고, 어떤 일을 했는지 구체적인 내용은 아무도 모릅니다. 즉, 적어도 커다란 업적을 이룬 사람은 아닌 것 같습니다.

민족의 위대한 영웅들에 관해서도 '이스라엘을 구원한 자', '가나안 정복의 지도자' 같은 간단한 언급조차 없는 것이 역대상의 절제된 족보입니다. 그런데 이 야베스라는 인물, 이 낯선 인물에 상대적으로 많은 지면을 할애하여 기록한 것은 왜일까요?

역대상의 첫 독자들에게, 야베스의 업적은 그리 중요하지 않았습니다. 중요한 것은 그가 이름의 한계, '고통'이라는 그 지긋지긋한 한계를 기도와 응답을 통해 뛰어넘었다는 사실입니다. 하나님이 그로 하여금 그 모든 것을 뛰어넘게 하시고 지경을 넓혀 주셨다는 것입니다.

역대상의 첫 독자들에게는 모세나 여호수아보다도 야베스라는 이름이 더 와 닿았을 것입니다. 민족의 이름을 '고통'이라고 불러도 될 만큼 힘든 상황 속에서, 기도로 한계를 극복하고 삶의 영역을 넓힌 야베스라는 이름이 얼마나 큰 위로와 도전을 주었겠습니까? 자신의 상황을 바라보지 않고 하나님을 바라보는 믿음, 그런 믿음이 있었기에 야베스는 하나님 앞에서 유명한 자가 될 수 있었습니다.

토기장이와 문지기의 헌신

'무명한 자 같으나 유명한 자'라는 메시지를 기억하고 말씀을 읽어 내려가면, 이런 사람들이 눈에 띕니다.

이 모든 사람은 토기장이가 되어 수풀과 산울 가운데에 거주하는 자로서 거기서 왕과 함께 거주하면서 왕의 일을 하였더라. 4:23

토기장이라는 직무가 그렇게 대단한 것일까요? 토기장이, 기껏해야 그릇 만드는 사람들인데, 그 직무를 일부러 기록한 것은 왜일까요?

여기에서 하나님의 눈과 사람의 눈의 차이를 봅니다. 사람은 '외모', 즉 눈에 보이는 성취를 보지만 하나님은 '중심', 즉 마음가짐을 보십니다. 이 사람들은 분명 하나님이 기뻐하실 만한 마음가짐으로 일했을 것입니다. 이런 사람을 하나님이 귀하게 보시고, 그래서 깊이 기억하시고, 성경에까지 기록하게 하신 것입니다.

역대상 9장에 이르면, 앞에서 말한 대로 포로생활에서 돌아온 이들에 관한 기록이 있습니다. 그런데 위에서 살펴본 맛디야 외에도 상식에 어긋나는 기록들이 보입니다. 제사장에 관한 기록이 4절 10-13절, 레위인의 대표격인 사람들에 관한 기록이 3절 14-16절인데 반해, 문지기에 관한 기록은 무려 11절입니다. 17-27절 문지기를 그렇게 중요시할 만한 특별한 역사적 배경이 있었는지는 잘 모르겠습니다. 그러나 세계 역사 속에서 문지기를 이렇게까지 중요하게 다룬 경우가 있을까요? 또 그릇 나르는 사람, 제사의 소품들을 맡은 사람, 진설하는 떡을 준비하는 사람, 찬송하는 사람들의 업무에 관한 기록도 적지 않습니다. 28-34절

다시 한번, 고린도후서 말씀을 기억해봅시다. '무명한 자 같으나 유명한 자!' 이것은 역대상 1-9장을 도도하게 흐르는 하나님의 놀라운 메시지입니다.

하나님이 기억하시는 작은 믿음

하나님 앞에 규칙적으로 기도하는데, 교회에도 헌신적으로 봉사하는데, 착하게 살았는데, 그런데 삶이 안 풀릴 때가 얼마나 많습니까. 남들 보기에는 별 문제 없이 잘 사는 것 같고 교회 생활도 잘하는 것 같지만, 남모르는 갈등과 고민으로 한없이 우울해질 때가 정말 많습니다. 젊은 날의 꿈은 어디론가 사라지고, 반복되는 지겨운 일상 속에서 허탈해질 때도 많습니다.

혹시 지금 당신이 그렇다면, 떡 굽는 사람 맛디댜의 이름을 통해 다가오는 하나님의 위로를 만나시길 바랍니다. '네 삶이 의미 없는 것이 아니다. 네가 살아가는 그 보잘것없어 보이는 자리를 하나님은 그 어

떤 대단한 업적들보다도 더 귀하게 기억하신다!'

그러나 위로 이전에 역대상의 첫 독자들이 받은 책망을 우리도 받습니다. '네 눈이 어디를 향하고 있느냐?' 내 눈이 어디를 향하고 있는지를 알 수 있는 시금석이 있습니다. 내 자녀들을 위해 내가 무엇을 바라고 기도하고 있는가 하는 것입니다. 아직 결혼하지 않은 분들이라면 미래를 그려보며 생각해 보십시오. 자녀들이 하나님 앞에서 유명한 자가 되기를 기도합니까, 세상에서 유명한 자가 되기를 기도합니까? 둘 다 되기를 원한다고 하시겠지요. 그러면 어느 쪽 기도를 할 때 더 간절한 마음이 생깁니까? 예수님 믿고 헌신하고 봉사한다고 하지만, 그 껍질 속에 들어 있는 내 참 모습을 바로 여기에서 만납니다.

제가 원주영락교회에서 약 2년 반 동안 담임목사로 있는 동안 하나님은 교회와 제 삶 위에 놀라운 회복의 역사를 보여 주셨습니다. 그때 함께했던 성도들 중 김권사님이라는 분이 계십니다. 당시 그분은 80세가 넘으셨습니다. 그저 무명한, 평범한 노인입니다. 그런데 그 2년 반 동안의 목회에서 제게 가장 큰 도움을 주신 분을 꼽으라면, 단연코 그 권사님을 꼽겠습니다.

교회를 관리하는 사람이 따로 없을 때, 목사에게 부담스러운 일 중 하나는 새벽기도회 때 교회 문을 여는 일입니다. 새벽 4시면 문을 열어야 하는데, 저한테는 보통 문제가 아니었습니다. 그런데 이 문제를 해결해 주신 분이 바로 그 권사님입니다. 그 권사님은 혼자 사시는 분이었는데 거의 하루도 빠짐없이 교회 본당에서 주무시고, 새벽에 어김없이 문을 열어 주셨습니다. 겨울에는 본당 난로에 기름을 채우고 난로 피우는 일까지 해주셨습니다.

  그분이 없었더라면 제 목회 생활은 매우 힘들었을 것입니다. 수십 명 성도들의 새벽기도회 시간을 통해 하나님께 올려졌던 수많은 기도제목들…. 그 기도의 바탕에 김권사님의 정성이 있었습니다. 진정 하나님 앞에 '무명한 자 같으나 유명한 자'로 사셨던 분입니다. 가난한 자 같으나 많은 사람을 부요하게 하신 분입니다.

  그분 외에도 15년 목회 생활 가운데, 누구도 알아주지 않는 무명한 자 같으나 유명한 자로 살았던 수많은 성도들이 있습니다. 맛디아의 정성을 받고 기억하신 하나님이 그 성도들의 정성을 얼마나 기쁘게 받으시겠습니까? 내 삶의 작은 자리가 바로 그 자리입니다. 우리 모두가 작은 자리에서 만나는 사람들을 축복하고 섬기며, '무명한 자 같으나 유명한 자'로 살아갈 수 있기를 기도합니다.

··· 역대상 한눈에 보기

역대상 1-9장

1장

역대상 1장은 이스라엘의 족보가 아니라 주변 민족들의 족보입니다. 이를테면 대홍수 때 살아남은 노아에게는 세 아들이 있었습니다. 셈, 함, 야벳. 그중 이스라엘의 조상은 셈입니다. 그런데 1장에는 나머지 두 사람인 함과 야벳의 자손들 족보가 나옵니다. 또 아브라함의 혈통 이삭이 이스라엘의 계보를 잇는데, 1장에는 이삭의 족보는 없고 첩을 통해 시작된 이방 민족의 족보만 있습니다. 또한 이삭의 두 아들 에서와 야곱 중 이스라엘은 야곱의 혈통인데, 1장에 먼저 나오는 것은 에서의 계보입니다.

함, 야벳, 아브라함의 첩의 아들들, 그리고 에서. 이 민족들의 역사를 먼저 기록한다는 것은, 마치 한국 역사를 기록하는 첫머리에 중국과 일본 왕조 족보를 기록하는 것과 같습니다. 역대상이 이렇게 이방 민족의 족보부터 기록한 까닭은 무엇일까요?

바로 하나님은 이스라엘만의 하나님이 아니라 모든 민족의 하나님이며, 모든 민족의 역사를 주관하신다는 사실을 보여 주기 위해서입니다. 각 민족의 흥망성쇠는 하나님의 주권 아래 있습니다. 이 땅 어느 민족의 역사도 하나님의 손 밖에 있지 않습니다. 하나님은 진실로 역사를 주관하시는 분입니다.

힘겨운 삶을 사는 사람들에게 이것은 놀라운 위로입니다. 삶이 힘들고 앞날도 불투명하지만, 모든 것이 하나님의 손 안에 있습니다. 그분만이 온 세상의 주인이십니다. 아무리 유명한 당대의 권력자나 재력가도 다 하나님의 섭리 아래 있습니다. 바로 그 하나님을 내가 믿기에, 하나님의 손에 변함없이 인도함을 받고 있는 것입니다. 그분은 모든 것을 주관하시기에, 나에게 가장 좋은 것이 무엇인지 알고 채워 주십니다. 주변 민족들, 이스라엘을 멸망시킨 민족들이 제아무리 큰소리 친다 해도 하나님의 손에서 벗어날 수 없습니다. 그 손을 의지하여 사는 사람들! 지금 삶이 아무리 힘겨워도 그들은 하나님과 함께 천하를 주관하는 사람들입니다. 이 확신이 황폐한 땅을 일구며 이름 없이 땀 흘리는 이들에게 큰 위로가 됩니다.

2-9장

  하나님의 주권에 대한 선언에 이어서 2장부터 9장까지 이스라엘의 족보가 길게 이어집니다. 이 이름들은 하나님의 택함받은 민족 이스라엘의 번성을 나타냅니다. 이스라엘의 자부심입니다. 이 이름들 속에는 하나님의 약속과 그 약속을 따라 살아간 사람들의 삶이 들어 있습니다. 내가 이스라엘 자손이라고 생각하고, 나라가 멸망한 자리에 서서 하나님의 약속 안에서 살아갔던 조상들의 이름을 읽으면 감회가 다를 것입니다. 믿음의 이름들의 역사가 결코 끊어지지 않고 번성하며 이어진 것처럼, 우리를 향한 하나님의 계획 또한 반드시 이루어질 것입니다. 이것이 바로 이 이름들이 분명하게 전달하는 메시지입니다.

PRAYER
기도

주님, 유명한 자가 되고 싶었습니다.
무명한 자로 살아가는 현실이 정말 싫었습니다.
그래서 입으로는 하늘나라의 소망을 이야기하지만,
속으로는 이 세상에서 얻을 갖가지 것들을 계산했습니다.
잘나간다는 사람들을 보면 부러웠고, 유명한 사람들 이야기,
돈 이야기, 출세 이야기만 떠들어댔을뿐,
하나님 이야기를 얼마나 했는지 생각하면 정말 부끄럽습니다.
대가를 원해서 봉사하는 것이 아니라고 하면서도
다른 사람이 알아주지 않으면 화가 납니다.
사실 제 마음은 세상적으로 유명해지는 데 있었던 것입니다.
이 마음을 주님 앞에서 고침받고 싶습니다.
제 중심에 변화가 있기를 구합니다.
제 눈이 변하기를 구합니다.
제 귀가 변해서, 유명한 이야기가 아니라
무명한 이야기를 귀하게 듣게 해주소서.
주님의 십자가를 바라보기를 구합니다.
무명한 자 같으나 유명한 자의 길을 걸어가신
주님의 뒤를 따라가기 원합니다.
주님, 저는 약해서 이 결심조차 지킬 힘이 없으니,
저를 지키시고 인도하옵소서.

택함받은 자

역대상 11장과 12장은 다윗이 거느린 부하들의 명단을 나열하고 있습니다.11:10-12:40 이들은 신앙과 지혜가 탁월하다기보다 싸움에 능한 사람들입니다. 역대상하는 이스라엘 역사를 정제하고 압축한 기록인데, 별 의미도 없어 보이는 다윗의 부하 명단을 왜 이렇게 길게 늘어놓았을까요? 훨씬 중요한 신앙의 인물들도 생략된 경우가 많은데 말입니다.

이런 의문을 품고 성경을 자세히 살피다 보니 이런 구절이 눈에 띕니다. "시글락에 숨어 있을 때에"12:1, "광야에 있는 요새에 이르러"12:8, "요새에 이르러"12:16, "다윗이 전에 블레셋 사람들과 함께 가서 사울을 치려 할 때에"12:19, "다윗이 시글락으로 갈 때에"12:20.

모두 다윗의 부하들이 언제 다윗에게 몰려왔는지를 보여 주는 구절입니다. '언제'에 대한 언급이 한두 번도 아니고 다섯 번이나 되니, 이

속에 중요한 메시지가 들어 있지 않을까요?

이 상황들에는 공통점이 있습니다. 다윗이 왕이 되기 전, 목숨을 구하기 위해 숨어 다니던 때라는 것이지요. 그런데 그 중에서도 '시글락'이라는 땅 이름이 두 번 나옵니다. 게다가 '블레셋 사람들과 함께 가서 사울을 치려 할 때' 도 시글락에 머무를 때니까(사무엘상), 다윗이 쫓겨다니면서 시글락이라는 곳에 머무르던 때가 상당히 중요한 듯합니다. 시글락, 이곳에 어떤 의미가 있을까요?

◎ 다윗이 기스의 아들 사울로 말미암아 시글락에 숨어 있을 때에 그에게 와서 싸움을 도운 용사 중에 든 자가 있었으니. 대상 12:1

하나님의 택하심, 축복의 시작

다윗은 당시 이스라엘 왕이었던 사울에게 쫓겨 도피생활을 시작했습니다. 특별한 잘못이 있어서가 아니라, 순전히 사울 왕의 시기심 때문이었습니다. 시기심에 불탄 사울은 전력을 다해 다윗을 쫓습니다. 이제 어디로 피해야 할까요?

다윗이 처음 택한 곳은 민족의 정신적인 지주 사무엘이었고 삼상 19:18, 다음은 사울왕의 아들이자 자신의 절친한 친구인 요나단 삼상 20:1, 그 다음은 '놉' 이라는 지역의 제사장 아히멜렉 삼상 21:1입니다.

여기까지는 믿음의 사람다운 발걸음입니다.

그런데 그 다음이 문제입니다. 이스라엘 땅에 있다가는 잡힐지도 모른다는 걱정 때문에 다윗은 이스라엘 땅을 벗어나 이방 땅 가드로 갑니다. 삼상 21:10 오늘날의 용어로 말하면 망명을 시도한 것입니다. 그러나 그곳의 신하들이 다윗을 경계하는 바람에, 다윗은 미친 사람 흉내를 내면서 간신히 목숨을 부지해 이스라엘 땅으로 돌아옵니다.

다윗이 하나님을 전적으로 의지했다면 어땠을까요? 이방 땅으로 가지 않았을 것이고, 하나님께 길을 물었을 것입니다. 성경에는 다윗이 하나님께 묻는 모습이 나오지 않습니다. 인간적인 계산과 판단으로 움직인 것입니다. 하나님은 다윗이 이방 땅으로 피하는 것을 좋게 보지 않으셨습니다. 삼상 22:5 그래서 망명에도 실패한 것입니다.

그런데 그 와중에 400명이나 되는 무리가 다윗에게 몰려옵니다. 삼상 22:1-2 '광야에 있는 요새에 있을 때'라는 역대상 말씀과 연결되는 장면입니다. 다윗이 믿음에 굳게 서서 결단과 지혜를 보여 주고 있는 것도 아닌데, 수많은 사람들이, 그것도 졸병들이 아닌 대단한 용사들이 다윗에게 몰려왔습니다.

그 이유가 무엇일까요? 어쩌면 사울왕의 모습에 실망하고, 다윗 외에는 대안이 없어 보였기 때문일 수도 있습니다. 그러나 사울왕은 절대 권력자요 눈에 띄는 폭정을 한 것도 아닌데, 그 왕에게 쫓겨다니는 사람에게 이렇게 많은 사람들이 몰려왔다는 사실은 상식적으로 이해하기 어렵습니다.

사람들이 다윗에게 몰려온 이유는, 하나님이 다윗을 택하시고 복 주기로 작정하셨기 때문입니다. 즉, 사람들이 몰려온 원인은 다윗이 아니라 하나님의 택하심에 있습니다. 하나님이 택하신 사람, 다윗에게 주신 크나큰 복, 그것은 바로 '사람'이었습니다.

성장과 실패를 반복하는 다윗

그런 복을 받은 다윗의 삶은 어떠했을까요? 하나님과 함께하는 믿음의 여정을 기대하며 말씀을 읽어가지만, 다윗은 이제 또다른 이방 땅, 모압으로 갑니다. 삼상 22:3 이렇게 많은 사람들이 찾아와 용기를 주는데도, 다윗의 인간적인 걱정은 사라지지 않았던 것입니다. 이런 다윗을 향해, 이번에는 하나님이 선지자를 보내 말씀하십니다. "너는 이 요새에 있지 말고 떠나 유다 땅으로 들어가라." 이것은 하나님의 부드러운 책망입니다. "이렇게 복을 주고 힘을 주어도 모르겠느냐?" 하시는 하나님의 답답한 마음입니다. 다윗은 이 말씀에 순종해 이스라엘 땅으로 돌아옵니다.

이때부터 갑자기 다윗이 달라집니다. 여유가 생기고 자신감이 생깁니다. 자신을 죽이겠다고 쫓아오는 사울왕을 여러 차례 용서한 것도 이 무렵입니다. 사울을 '하나님의 기름부음 받은 자'로 인정하고 존중하는 다윗의 모습은 우리를 숙연하게 할 정도입니다. 그 가운데 다윗의 세력은 점점 강해집니다. 다윗이 사울을 용서한 것보다 이렇게 성장했다는 사실이 더 중요합니다. 인간적인 걱정에 흔들리지 않고 하나님의 말씀에 순종했을 때, 이토록 놀라운 통찰력과 능력이 임한 것입니다.

그런데 다윗은 또다른 실수를 저지릅니다. 하나님의 도우심을 그토록 놀랍게 체험했으면서도 갑자기 이런 생각이 든 것입니다.

내가 후일에는 사울의 손에 붙잡히리니 블레셋 사람들의 땅으로 피하여 들어가는 것이 좋으리로다. 삼상 27:1

하나님께 의지하는 마음과는 거리가 먼 모습입니다. 이제 다윗은 망명에 실패했던 가드 땅으로 다시 들어갑니다. 가드 왕 아기스에게 찾아가, 한 작은 성읍을 다스리며 머무를 수 있도록 해 달라고 요청합니다. 이제는 가드 사람도 무시할 수 없을 만큼 다윗의 세력이 강해졌기 때문일까요? 아기스왕은 다윗의 망명을 허락합니다. 그래서 다윗이 머무른 곳이 시글락입니다. 삼상 27:6

'시글락'에 담긴 의미

다윗은 시글락에 머무르는 동안 큰 위기를 만납니다. 바로 이스라엘과 가드 사이에 전쟁이 일어난 것입니다. 다윗은 하마터면 이 전쟁에서 가드의 선봉에 서서 동족과 전쟁을 치를 위기를 맞습니다. 정말 그런 일이 일어났다면 어찌 되었겠습니까? 아마도 민족의 배반자라는 낙인이 찍힌 채 평생 살아야 했을 것입니다. 그러나 하나님의 도우심으로 이 위기를 벗어납니다. 이것이 다윗의 생애에서 시글락이 의미하는 것입니다. 그런데 이렇게 믿음 없는 모습으로 망명 생활을 하는 다윗에게 기가 막히게 귀한 사람들이 계속 몰려옵니다.

다윗이 이스라엘의 적군에 끼어 참전할 뻔한 이 전쟁에서 사울이 죽고, 다윗은 헤브론이라는 곳에서 유다 지파의 왕으로 추대됩니다. 그리고 얼마 후 이스라엘의 왕이 됩니다. 그리고 사람들은 계속 몰려옵니다.

그러면 역대상에서 시글락을 세 번이나 언급한 까닭이 무엇이겠습니까? 다윗은 하나님의 뜻에 따라 시글락에 간 것이 아닙니다. 자신의 힘이 점점 커지고 사울의 힘은 점점 약해지고 있는 것을 분명히 느꼈을텐데, 쓸데없는 걱정으로 이방 땅으로 망명해 시글락으로 간 것입니다. 즉, 시글락은 다윗의 인생에서 부끄러운 자리입니다.

그럼에도 시글락은 동시에 하나님의 은혜를 의미합니다. 다윗이 하나님을 믿지 못하고 시글락에서 인간적인 근심과 계산에 싸여 있을 때, 하나님은 돕는 사람들을 보내 끊임없이 격려하셨습니다. 이것이 하나님의 은혜입니다.

다윗에게 왜 이런 은혜가 임했을까요? 다른 이유는 없습니다. 하나님이 다윗을 택하셨기 때문입니다. 다윗, 물론 인간적으로 탁월한 사람입니다. 그러나 하나님의 기준으로 본다면 가당치도 않게 모자란 사람입니다. 그런데 하나님은 그 모자란 사람이 가장 비겁하고 비신앙적인 상태에 있을 때 동역자들을 보내 주신 것입니다.

하나님의 '막으시는 은혜'

역대상 13장에는 다윗이 또 한 번 실패하는 사건이 나옵니다. 하나님의 궤를 예루살렘으로 옮기려다가 실패한 이야기입니다. 사실 하나님의 궤를 예루살렘으로 옮겨오는 일은 상징적으로 매우 중요한 일입니다. 그런데 다윗은 실패했습니다. 역대상은 궤를 옮겨오다가 실패한 과정을 자세하게 기록했습니다. 그렇게 자세하게 기록한 이유가 무엇일까요?

먼저 눈에 띄는 것은 다윗이 궤 옮겨오는 일을 백성들과 의논했다는 것입니다. 대상 13:1-4

> 만일 너희가 좋게 여기고 또 우리의 하나님 여호와께로 말미암았으면 … 뭇 백성의 눈이 이 일을 좋게 여기므로 … 이에 다윗이 ….

참 민주적인 왕입니다. 왕이 백성과 의논을 하다니요. 바로 여기에 실패의 원인이 있습니다. 세상에는 의논해야 할 일이 있고 선포해야 할 일이 있습니다. 선포해야 할 일을 의논하는 것도 문제고, 의논해야 할 일을 일방적으로 명령하는 것 또한 문제입니다.

여기서 다윗의 잘못은 선포할 일을 의논한 것입니다. 선포할 일이란, 논의할 것도 없이 진리인 것이나 의논할 것도 없이 행해야 하는 일입니다. 이번 주일에 예배를 드릴까요, 말까요? 이런 것은 논의할 필요가 없습니다. 오늘 성경을 읽을까요, 말까요? 이것도 논의할 필요가 없습니다. 내 자녀가 예수님을 믿도록 가르칠까요, 말까요? 두말할 필요도 없지 않습니까? "시간 되면, 이번 주일에 교회에 같이 가 볼래?" 불신자에게라면 그렇게 말할 수도 있지만, 내 자녀에게 그렇게 말해서는 안 됩니다. 더욱이 지도자가 그렇게 말한다면, 그는 일시적인 인기와 사람 좋다는 평가는 얻을지 모르지만, 결국에는 영적 지도력을 잃어버릴 것입니다.

이 경우는 어떻습니까? 나라의 수도가 예루살렘으로 결정되었습니다. 그런데 아직 하나님의 임재를 상징하는 궤가 다른 곳에 있습니다. 그 궤를 수도로 옮겨오겠다, 귀한 일이지요. 이런 일은 선포하면 되는 일입니다. 물론 방법에 관해서는 의논할 수 있습니다. 그러나 방법을 백성들과 의논해야 할까요? 아닙니다. 하나님의 말씀을 잘 아는 사람, 제사장이나 선지자들과 의논할 일입니다. 그리고 백성들에게는 선포만 하면 됩니다. 그런데 다윗은 백성들을 모아 의논합니다. 이제 막 왕이 된 사람으로서 백성의 마음을 얻고 싶어서였을 것입니다.

다윗은 모든 이스라엘 왕 중에서 하나님의 뜻을 가장 온전히 따른 왕입니다. 그러나 그런 다윗도 이것밖에 안 되는 사람이었습니다. 민심을 얻는 것을 하나님의 임재보다 더 우선할 만큼 말입니다. 그래서 레위인이 어깨에 메어야 하는 궤를 소가 모는 수레에 싣고 갑니다. 잘 꾸민 수레를 중심으로 위풍당당한 행렬을 만들었을 것입니다.

그런데 행진 중에 소가 날뛰는 사건이 일어나고, 수레를 몰던 웃사라는 젊은이가 궤를 보호하려고 붙잡았다가 하나님의 진노를 입어 즉사하고 맙니다. 율법의 경고대로 된 것입니다. '성물은 만지지 말라 그들이 죽으리라.'민 4:15 이로 인해 다윗은 궤 운반을 중단하고, 궤를 오벧에돔이라는 사람의 집에 둡니다.

웃사의 죽음은 참 당황스러운 장면입니다. 물론 율법대로 이루어진 것이긴 하지만, 사실 잘못은 다윗에게 있었습니다. 웃사의 잘못보다 정치적인 욕심으로 계산한 다윗과 그런 다윗을 보면서도 제대로 조언하지 않은 주변 사람들의 잘못이 더 크지 않습니까? 하나님의 임재를 사모하는 마음도 없이 궤 운반을 계획한 사람들 모두의 잘못입니다. 그런데 왜 웃사만 이렇게 벌을 받습니까?

여기서 우리는 엄중하신 하나님을 만납니다. 하나님은 용서의 하나님이십니다. 그러나 다윗과 온 백성들이 잘못된 일을 행할 때, 율법의 구체적인 조항을 어긴 한 사람을 율법에 기록된 대로 벌하셨습니다. 부지불식간에 실수한 한 사람을 벌하신 것을 하나님도 안타까워하지 않으셨을까요? 그러나 이것은 비단 한 사람의 잘못이 아니라 전체의 잘못이고, 계속 진행되어서는 안 되는 일이기에, 정확하고 엄중하게 막으셨던 것입니다. 지도자인 다윗의 잘못으로 한 사람이 죽다니, 지도자의 책임이 얼마나 큰지요!

그러나 여기서 다시 생각해볼 것이 있습니다. 궤를 운반하는 데 실패한 것은 하나님의 은혜, 택함받은 사람을 향한 하나님의 은혜를 보여 준다는 것입니다. 잘못 결정한 일이 순조롭게 진행되는 것은 결코 축복이 아닙니다. 결국 더 악하고 해로운 결과가 오기 때문입니다. 잘못 결정한 일이 있다면, 막히는 것이 축복입니다. 준비되지 않은 사람이 권력이나 재물을 얻는 것은 복이 아닙니다. 하나님의 뜻과 다른 것은 막히는 것이 복입니다. 이것이 바로 하나님의 '막으시는 은혜'입니다.

모자란 사람에게도 복 주시는 하나님

14장으로 넘어가면 갑자기 분위기가 바뀝니다. 사실 사무엘상을 보면, 시간의 흐름상 14장이 13장보다 먼저입니다. 역대상 기록자가 착각해서 이렇게 바꿔 적었을 리는 없습니다. 그보다는 하나님이 13장과 14장의 순서를 바꾸도록 하셨다고 보는 게 맞습니다. 사무엘상에는 궤 운반의 실패와 성공 두 이야기가 붙어 있는데, 역대상에서는 두 이야기가 떨어져 있는 것을 통해 하나님의 의도를 생각해 볼 수 있습니다.

이러한 기록 순서를 통해 역대상이 우리에게 전달하는 메시지가 있지 않겠습니까? 하나님은 사무엘상을 아는 사람이 역대상을 쓰도록 하셨는데, 아무 이유 없이 이렇게 순서를 바꾸도록 하실 리가 없습니다.

14장은 하나님이 함께하신 다윗의 삶을 전해 줍니다.

> 다윗이 여호와께서 자기를 이스라엘의 왕으로 삼으신 줄을 깨달았으니. 14:2

하나님의 인도하심을 깨달은 다윗은 여러 아내들을 통해 자녀를 많이 낳습니다. 물론 아내를 많이 두는 것은 칭찬받을 일이 아니지만, 흐름을 살펴보면 다윗에게 임한 자손의 축복에 대한 말씀입니다. 그리고 블레셋과의 전쟁에서 다윗은 하나님께 물음으로써 승리하고, 그 명성을 온 세상에 떨칩니다. 궤를 옮길 때 다윗의 모습과는 참 대조적입니다.

역대상 13장과 14장을 연결하는 메시지는 이렇습니다. 하나님은 택하신 사람이 모자라고 부족할 때는 책망하시지만, 그때도 함께하시고 은혜를 베푸신다는 것입니다. 하나님의 궤를 제대로 운반하지 못하는 사람임에도 하나님은 다윗을 택하고 도우셨습니다. 시글락과 광야에서 사람들이 다윗에게 몰려왔을 때와 같은 원리입니다.

만약 다윗이 흠잡을 데 없는 사람이기에 부귀영화를 누렸고, 다윗이 훌륭한 사람이기에 전쟁에서 승리했다면, 그 수준에 미치지 못하는 사람은 낙심할 수밖에 없을 것입니다. 그러나 그토록 모자란 사람이 복을 받았다면, 역대상을 읽는 독자 또한 힘을 낼 수 있습니다.

역대상이 쓰여진 당시, 즉 포로 후기 백성들의 삶이 얼마나 힘겨웠는지는 앞 장에서 이야기했습니다. 너무 힘들다 보니 '마음에는 원이로되 육신이 약하여'막 14:38 하나님의 말씀을 어기며 사는 경우도 적지 않았을 것입니다. 바람직한 것은 아닙니다. 그러나 하나님의 기준에는 턱없이 모자라더라도 하나님의 택함받은 백성이라면 하나님의 은혜와 회복을 분명히 경험할 것이라는 약속이 여기 있습니다.

모든 것이 하나님의 은혜다

앞 장에서 살펴본 '무명한 자 같으나 유명한 자' 들이 그렇게 신실하게 하나님을 섬길 수 있었던 것도 다 하나님의 은혜 때문입니다. 하나님이 그들을 택하시고 헌신할 수 있는 마음을 주셨기 때문입니다. 그래서 로마서는 이렇게 전합니다.

> 혹 네가 하나님의 인자하심이 너를 인도하여 회개하게 하심을 알지 못하여 그의 인자하심과 용납하심과 길이 참으심이 풍성함을 멸시하느냐.롬 2:4

내가 하나님의 사랑을 알고 회개한 것은 오직 하나님이 인자하시고 용납하시고 길이 참으셨기 때문입니다. 그런데도 하나님이 그렇게 해주셨다는 사실을 무시하고 나 자신이 믿음 좋은 줄 알고 있다면, 그것은 하나님의 사랑을 멸시하는 것입니다. 다윗에게 임했던 하나님의 인자하심과 용납하심과 길이 참으심, 그것이 없었다면 위대한 사람 다윗도 한낱 미련한 승자에 지나지 않았을 것입니다.

나의 시글락은 어디인가

이 말씀을 보면서, 우리 내면을 가만히 돌아봅니다. 나는 어떤 사람입니까? 하나님이 택하실 만큼 괜찮은 사람입니까? 아닙니다!

나는 이중잣대를 가지고 삽니다. 내가 용서받고 이해받는 것은 당연하지만, 나는 용서하지 않고 이해하지도 않습니다. 그러면서도 은혜 받고 싶어하고, 사랑 받고 싶어하고, 형통하고 싶어하고, 복 받고 싶어합니다. 그러다가 그런 자신의 모습을 깨달으면 자괴감에 빠지기도 합니다.

나는 내 이익에 민감합니다. 남을 위해 주는 듯하고 교회에도 헌신하는 듯하지만, 누가 내 험담을 하는 것을 알면 참지 못합니다. 나보다 뒤에 있어야 마땅한 사람이 내 앞에 서는 것을 눈 뜨고 보지 못합니다.

무엇보다도, 다윗이 시글락에 간 것처럼 나도 그곳에 갈 때가 얼마나 많은지요. 다윗은 핑계거리라도 있었습니다. 사울왕이 그토록 집요하게 추격하고 있었으니까요. 그러나 나는 그만한 위협거리가 있는 것도 아닌데, 지레 염려하고 두려워합니다. 그래서 하나님의 인도하심을 믿지 못하고 내 생각에 좋은 자리인 '시글락'에 안주해 버리려고 합니다. 주님 보시기에 얼마나 답답하겠습니까?

그런데 주님은 그런 나를 아시면서도 사명을 맡겨 주십니다. 베드로에게 '내 양을 치라.'고 하셨던 것처럼, 말도 안 되게 미련한 나에게 사명을 맡기고 믿어 주십니다. 왜냐하면 나를 택하셨기 때문입니다. 내가 그럴 만한 사람이어서 택하신 게 아니라 아무 조건 없이 나를 택하셨습니다.

그래서 택함받는다는 것은 부담이 되기도 하지만, 기쁨이요 자랑입니다. 나는 택함받은 사람이기 때문에, 거역할 수 없는 은혜를 받은 사람이기 때문에, 실수와 실패를 거듭해도 하나님을 향해 성장해 나갈 것입니다. 그러므로 우리는 하나님의 은혜만 바라보아야 합니다. 그분의 택하심을 의지해야 합니다. 하나님의 택하심을 확신할 때 우리는 실패를 딛고 일어설 수 있고, 하나님이 예비하신 형통한 삶을 누릴 수 있습니다.

··· 역대상 한눈에 보기

역대상 10–14장

10장

역대상은 다윗에 앞서, 적지 않은 분량을 사울이 죽는 장면에 할애합니다. 별로 자랑스러울 것도 없는 사울의 최후를 이토록 자세히 기록한 이유는, 실패한 때를 직면하라는 메시지가 아닐까요. 사울은 하나님의 말씀보다 자신의 성공을 우선한 사람이었습니다. 이렇게 잘못된 우선순위가 어떤 결과를 낳는지 정확히 보라는 것입니다.

11–12장

역대상 10장부터 마지막 장인 29장까지는 모두 다윗에 관한 이야기입니다. 그만큼 이스라엘 역사에서 다윗이 차지하는 비중이 큽니다. 다윗의 이야기 중에서 역대상이 기록하는 첫 장면은 예루살렘 점령입니다. 11:4–9 예루살렘은 성전이 세워지는 자리이고, 포로들이 돌아온 이유도 성전을 재건하기 위해서였습니다. 다윗이 예루살렘을 점령한 사건을 가장 먼저 기록한 것은 고개가 끄덕여지는 일입니다.

그런데 다윗에 관한 두 번째 이야기는 다윗이 거느린 부하들의 명단으로 채워집니다. 이 장을 시작하면서, 부하들의 명단이 필요 이상으로 길다는 것에 대해 문제를 제기했습니다. 그리고 그 문제에 대한 답을 얻었습니다. 명단의 길이뿐 아니라 이 명단이 다윗에 관한 기록의 첫머리, 즉 예루살렘 이야기 다음에 위치하고 있다는 사실도 주목할 만합니다.

'예루살렘'이 다윗의 인생에서 가장 중요한 업적이라면, 그 다음으로 기억할 만한 것은 수많은 사람들이 다윗의 주변에 있었다는 것입니다. 이것은 다윗이 이룬 그 어떤 업적보다 중요합니다. 하나님이 보내 주신 사람들, 다윗이 미처 준비되기도 전에 보내 주신 이 사람들이 아니었다면, 다윗은 어떤 일도 이루어낼 수 없었을 것입니다.

13-14장

13장은 다윗이 하나님의 궤를 예루살렘으로 옮기려다가 실패한 이야기입니다. 그리고 14장은 앞에서도 말했듯이 하나님이 함께하신 다윗의 삶을 전해 줍니다. 하나님이 자신을 왕으로 삼으셨음을 깨달은 다윗은 하나님의 힘을 의지해 전쟁에서 승리합니다. 택하신 자에게 끝까지 은혜를 베푸시는 하나님, 그리고 자신의 실패와 연약함을 바라보지 않고 하나님을 믿고 전진하여 승리하는 다윗의 모습은 우리에게 힘과 위로를 줍니다.

PRAYER
기도

하나님 아버지,

다윗을 보며 저를 돌아봅니다.

도피생활을 시작하면서 인간적인 염려와 계산을

믿음보다 앞세웠던 다윗, 그건 바로 저였습니다.

사람들에게 잘 보이려고 이리저리 궁리하면서도

하나님의 뜻을 분명히 선포하지 않고 살아온 모습,

바로 저였습니다.

하지만 다윗이 그렇게 형편없을 때도 붙들어 주시고

복 주신 주님이 지금 나와 함께하심을 믿습니다.

그래서 부끄럽지만 간구합니다.

이 교만과 욕심에도 불구하고

나를 택하신 하나님의 은혜를 제대로 알게 하옵소서.

내 능력으로 살지 않고

하나님의 능력에 100% 기대어 살게 하옵소서.

변화시켜 주옵소서.

택함받은 감격을 가슴에 품고 살아갈 수 있도록

변화시켜 주옵소서.

성장하는 자

    다윗은 두 번째로 언약 궤를 운반하면서, 지난번 궤 운반에 실패한 원인을 이야기합니다. 레위 사람이 어깨에 메어야 하는데 수레에 궤를 실었기 때문에 실패했다고 말입니다. 이제 실패 원인을 파악한 다윗은 다시 궤를 운반하는 데 성공합니다. 이 과정에서 다윗의 변화된 모습, 하나님과 더욱 가까워진 모습을 볼 수 있습니다.

◎ 다윗이 이르되 레위 사람 외에는 하나님의 궤를 멜 수 없나니 이는 여호와께서 그들을 택하사 여호와의 궤를 메고 영원히 그를 섬기게 하셨음이라 … 전에는 너희가 메지 아니하였으므로 우리 하나님 여호와께서 우리를 찢으셨으니 이는 우리가 규례대로 그에게 구하지 아니하였음이라. 대상 15:2, 13

실패는 성장의 어머니

여기서 역대상과 사무엘하 본문을 비교하며 읽어 봅시다. 사무엘하와 역대상은 둘 다 다윗 이야기를 기록하고 있는데, 많은 부분에서 같은 내용이 반복됩니다. 역대상이 사무엘하보다 몇 백 년 후에 쓰여졌기 때문에, 역대상 저자는 사무엘하를 앞에 놓고 생각해 가면서 역대상을 썼을 것입니다. 그러니까 두 본문을 비교하면서 차이점을 찾고 그 원인을 생각해 보면, 역대상 말씀을 더 잘 이해할 수 있습니다. 특히 사무엘하에는 없는데 역대상에 기록된 내용이 있다면, 좀 더 집중해서 살필 필요가 있습니다.

이 장의 성경 본문의 내용도 사무엘하에는 없습니다. 사무엘하에는 레위인들이 궤를 메어 올리기까지의 상황이 딱 한 절 나옵니다.

> 어떤 사람이 다윗 왕에게 아뢰어 이르되 여호와께서 하나님의 궤로 말미암아 오벧에돔의 집과 그의 모든 소유에 복을 주셨다 한지라 다윗이 가서 하나님의 궤를 기쁨으로 메고 오벧에돔의 집에서 다윗 성으로 올라갈새. 삼하 6:12

그런데 역대상에는, 이 내용이 빠져 있고 사무엘하에 없는 내용이 무려 24절에 걸쳐 기록되어 있습니다. 대상 15:1-24 그 중 핵심은 다윗이 두 번째 궤 운반을 어떻게 이끌었는가 하는 것입니다. 다윗은 궤 운반 실패의 원인을 파악하고, 잘못된 점을 수정하면서 제사장과 레위인들을 조직적으로 불러 모았습니다.

여기에 또 한 가지 놀라운 점이 있습니다. 이때 조직되었던 레위 자손 각 가문의 지도자들 이름과 성가대, 악기를 연주한 인물들의 이름이 자세하게 나온다는 것입니다. 이들은 궤를 운반하기 위한 임시 조직입니다. 그런데 그 이름들이 수백 년을 지나 역대상을 기록할 때까지 기억되고 있었다니, 그냥 넘길 일이 아닙니다.

역대상 15장은 왜 사무엘하 6장 12절은 생략하고 이 내용을 대거 삽입했을까요?

먼저 사무엘하 6장 12절이 역대상에 빠진 이유부터 생각해 봅시다. 사무엘하 말씀만 읽으면 다윗이 하나님의 궤를 옮겨온 까닭이 그 궤가 있는 자리에 복이 임했기 때문이라고 생각할 수 있습니다. 오벧에돔의 집이 복을 받았다는 기록 직후에 다윗이 가서 궤를 메어 올렸기 때문입니다. 만약 그것이 사실이라면, 다윗은 매우 비열하게 행동한 것입니다. 궤 때문에 사람이 죽었을 때는 궤를 오벧에돔의 집으로 옮겨가더니, 오벧에돔의 집이 복을 받았다고 하니까 다시 가져오니 말입니다.

물론 다윗은 많이 부족한 사람입니다. 앞 장에서 다윗의 그런 모습을 상당히 많이 보았습니다. 여기서도 그런 모자란 모습이 드러난 것일까요? 역대상은 다윗의 동기에 대한 오해의 가능성을 완전히 없애기 위해 이 구절을 생략했습니다. 다윗은 오벧에돔이 받은 복을 자기

· 51

도 받고 싶어서 궤를 옮겨온 것이 아닙니다.

생략의 이유가 다윗이 궤를 운반한 동기와 관련이 있다면, 역대상 15장 1-24절도 궤 운반의 동기와 연결 지어 생각해야 하지 않을까요? 이런 문제의식을 가지고 15장 2절과 13절을 다시 한번 살펴봅시다.

> 다윗이 이르되 레위 사람 외에는 하나님의 궤를 멜 수 없나니 이는 여호와께서 그들을 택하사 여호와의 궤를 메고 영원히 그를 섬기게 하셨음이라 하고 … 전에는 너희가 메지 아니하였으므로 우리 하나님 여호와께서 우리를 찢으셨으니 이는 우리가 규례대로 그에게 구하지 아니하였음이라 하니.

다윗은 레위인들이 궤를 메야 한다고 거듭 강조합니다. 그런데 좀 더 자세히 보면 궤를 레위 사람이 메야 하는 이유가 나옵니다. 2절과 13절에 각각 "이는" 으로 시작해서 그 이유를 말하는 부분이 있습니다. 2절에서 말하는 이유는 하나님이 그렇게 정하셨다는 것이고, 13절에서 말하는 이유는 규례이기 때문입니다. 즉, 다윗이 2절과 13절에서 강조하는 것은 "우리는 하나님의 말씀을 지켜야 한다." 는 것입니다.

2절과 13절을 언뜻 보면 궤 메는 방법이 먼저 보이지만, 잘 읽어 보면 방법 자체보다 하나님의 말씀에 대한 다윗의 완전한 순종이 보입니다. 이 부분이 중요합니다. 첫 번째 시도에서는 하나님의 말씀을 어떻게 지킬까에 초점을 맞추지 않았습니다. 그때의 초점은 회중의 마음을 자신에게 끌어 모으는 것이었습니다. 그런데 지금 다윗은 하나님의 말씀을 그대로 지키는 데 초점을 맞추고 있습니다.

다윗의 성장법 1 _ 말씀대로 행한다

다윗이 변했습니다. 궤 운반의 성공 여부를 떠나서, 다윗이 완전히 변했습니다. 어떻게 이런 변화가 일어났을까요? 이에 관해 성경이 말해 주는 것은 3개월의 시간이 흘렀다는 것밖에 없습니다. 대상 13:14 이 3개월의 시간을 한번 유추해 봅시다.

3개월. 다윗은 고민했을 것입니다. '하나님의 궤를 예루살렘으로 옮겨오는 것이 나쁜 일인가? 오히려 선한 일이요 칭찬 받을 만한 일인데, 왜 하나님은 그 일을 실패하게 하셨을까?' 그러는 가운데 오벧에돔이 복을 받는다는 이야기도 들었습니다. 그렇다면 궤 자체가 죽음을 가져오는 것은 아님이 분명하니, 궤를 두려워할 일이 아닙니다.

사실 그는 지난번 실패로 하나님의 궤를 두려워했습니다.

그날에 다윗이 하나님을 두려워하여 이르되 내가 어떻게 하나님의 궤를 내 곳으로 오게 하리요. 대상 13:12

그런데 3개월간 고민하던 중에 다윗은 하나님의 말씀을 만났습니다. 그래서 역대상 15장 2절에서 "여호와께서 택하고 … 하셨다", 13절에서 "규례대로" 같은 말을 사용한 것입니다. 말씀대로 행해야 한다! 이것이 지금 다윗의 초점입니다. 하나님의 말씀을 듣지 않고 궤 운반 방법이 잘못되었으니 그것만 고치면 된다고 생각했다면, 다윗의 입에서 이런 말이 나오지 않았을 것입니다. 사람은 그 마음에 가득한 것을 말하게 되어 있습니다. 마 12:34

지난번에 궤를 운반하지 못한 것은 다윗 자신과 이스라엘 백성이 하나님의 말씀에 집중하지 않았기 때문입니다. 마음의 중심이 바르지 않았는데 궤 운반에 성공했다면, 다윗은 더 큰 해를 당했을 것입니다.

이 깨달음이 다윗을 바꿔놓았습니다. 말씀과의 만남이 다윗을 하나님과 더 가까워지게 했습니다. 이렇게 말씀을 만나고 하나님과 더 가까워지자, 다윗의 입에서 나오는 말이 달라졌습니다.

지난번에는 이랬습니다.

> 다윗이 천부장과 백부장 곧 모든 지휘관과 더불어 의논하고 다윗이 이스라엘의 온 회중에게 이르되 만일 너희가 좋게 여기고 또 우리의 하나님 여호와께로 말미암았으면. 대상 13:1-2

다윗이 선포해야 할 것을 선포하지 않고 의논한 것은 모든 관심이 백성의 마음을 얻는 데 쏠려 있었기 때문입니다. 그러나 지금은 아닙니다. 15장 2절과 13절 어디에도 백성들의 마음을 얻으려는 모습은 보이지 않습니다. 다윗은 지금 '백성들이여, 이렇게 해야 하니 따르시오!" 라고 확신에 찬 선포를 하고 있습니다.

> 그들에게 이르되 너희는 레위 사람의 지도자이니 너희와 너희 형제는 몸을 성결하게 하고 내가 마련한 곳으로 이스라엘의 하나님 여호와의 궤를 메어 올리라. 대상 15:12

지난번에는 찾아볼 수 없었던 영적 권위가 있습니다. 왕이 되어 백성의 마음을 얻고 싶어하는 것은 나쁜 것이 아닙니다. 폭군이 되는 것보다야 백 배 낫습니다. 그러나 그런 지도자는 백성을 행복하게 하지 못합니다. 백성보다 앞서 하나님의 뜻을 깨닫고 그 뜻대로 인도하는 지도자가 백성을 행복하게 합니다.

하나님의 택함받은 사람에게 임하는 은혜는 바로 이와 같은 변화와 성장입니다. 물론 은혜를 받고서도 또 실수하고 실패하지만, 분명히 성장이 있습니다. 즉, 실패나 실수 자체가 문제가 아니라, 그것을 성장의 동력으로 삼지 못하는 것이 문제입니다. 그러므로 실패는 자신을 돌아보면서 성장할 수 있는 기회입니다. 다윗은 실패를 통해 성장했습니다. 사람의 눈을 의식하던 사람에서 하나님의 뜻을 선포하는 사람으로의 변화, 이것이 역대상 15장이 전하는 하나님과 가까워지는 사람의 첫 번째 모습입니다.

다윗의 성장법 2 _ 하나님을 위해 치밀해진다

역대상이 말하는 다윗의 변화는 이것만이 아닙니다. 역대상 15장 12절 말씀을 다시 보면, 다윗은 제사장과 레위 자손의 지도자들을 불러 궤를 운반하기 위해 몸을 성결하게 할 것을 명령합니다. 지난번에는 제사장과 레위인들의 성결 같은 것에는 관심이 없었습니다. 그러나 이번에는 다윗의 초점이 사람이 아니라 하나님께 있습니다. 거룩하신 하나님의 궤를 옮기려니까, 그것을 준비하기 위해서는 성결해야 한다는 데까지 생각이 미친 것입니다.

또 다윗은 궤를 옮겨오기 위해 치밀한 조직을 갖춥니다. 15:16-24 지난번에는 조직 같은 것에는 신경 쓰지 않았습니다. 그냥 사람들을 모았을 뿐입니다. 그러나 이번에는 하나님의 임재를 간절히 사모하면서 기도와 생각을 거듭하다 보니, 이렇게 치밀한 조직을 갖춥니다.

이것이 다윗의 두 번째 변화된 모습입니다. 제사장과 레위인들을 성결하게 하고, 하나님의 임재를 상징하는 궤를 옮겨오기 위한 조직을 갖추었습니다. 그만큼 다윗은 하나님의 일을 위해 세밀하게, 구체적으로 마음을 쓰는 사람으로 성장했습니다. 사람은 마음을 쓰는 일에는 세밀하게 준비하게 되어 있고, 마음 쓰지 않는 일에는 '처삼촌 산소 벌초하듯이' 하게 되어 있습니다. 놀라운 것은, 궤 옮길 때의 임시 조직에 대한 기록이 수백 년이 지나도록 보관되어 있었다는 것입니다. 다윗이 얼마나 마음을 써서 준비했으면 하나님의 궤를 옮겨올 때 함께한 사람들에 관한 기록을 이렇게 소중하게 남겼겠습니까?

이렇게 마음을 쓰다 보면 이전에 보이지 않던 것이 보이기 시작합니다. 정성을 다하는 사람과 그렇지 않은 사람을 구별할 수 있게 됩니다. 점점 영적으로 민감한 사람이 되어가는 것입니다.

다윗의 성장법 3 _ 마음을 다해 예배한다

이렇게 영적으로 민감한 사람이 되었을 때, 다윗의 성장에는 점점 가속도가 붙습니다. 다윗의 세 번째 변화는 이것입니다.

> 하나님이 여호와의 언약궤를 멘 레위 사람을 도우셨으므로 무리가 수송아지 일곱 마리와 숫양 일곱 마리로 제사를 드렸더라. 15:26

궤가 출발할 때, 하나님이 궤를 멘 레위 사람을 도우셨다고 했습니다. 구체적인 내용은 알 수 없지만, 분명한 것은 모두가 느낄 만한 하나님의 임재가 있었다는 것입니다. 지난번에는 하나님이 다윗의 길을 막으셨습니다. 그러나 석 달 후, 이제 하나님은 궤 앞에 선 다윗과 이스라엘 백성 앞에 임재하십니다. 그 임재를 경험한 온 회중이 하나님 앞에서 제사를 드렸다는 것입니다.

이 제사는 미리 계획한 것이 아닙니다. 미리 계획했다면 출발 전에 제사를 드렸을 것입니다. 이 제사는 레위 사람들이 궤를 메고 출발하는 순간에 정지하고 드린 제사입니다. 사무엘하의 기록이 이를 뒷받침해 줍니다. 사무엘하는 궤를 멘 사람들이 여섯 걸음 간 자리에서 이 제사가 드려졌다고 말합니다. 6:13 궤를 메고 고작 여섯 걸음 걸어가서 제사를 드린다는 것은 상식 밖의 일입니다. 그러니까 이 제사는 어떤 감동 속에서 갑자기 이루어진 것입니다. 일반적인 생각의 흐름을 깨는 이 제사 장면을 한번 상상해 봅시다.

궤 운반을 위한 모든 준비를 마쳤습니다. 행렬의 순서가 갖추어지고, 각종 악기 소리와 함께 찬양이 울려 퍼집니다. 드디어 레위인들이 궤를 어깨에 메고 걸음을 옮깁니다. 그때 궤를 멘 레위인들을 향한 하나님의 도우심이 드러납니다. 나라면 어떻게 했을까요? 당연히, '아, 하나님이 이번에는 궤를 옮기는 것을 기뻐하시는구나.' 하는 흡족한 마음으로 계속 진행했을 것입니다. 게다가 지난번 실패의 아픔이 있지 않습니까? '혹시라도' 하는 생각에 그 자리를 빨리 벗어나고 싶었을 것입니다.

그런데 다윗은 하나님의 강렬한 임재를 느끼는 순간 멈출 것을 지시합니다. 그리고 제사를 드립니다. 역대상뿐 아니라 다윗의 행적을 더 자세히 기록한 사무엘상하에도 이전에 다윗이 제사를 드렸다는 기록은 없습니다. 다윗은 지금까지 하나님의 도우심을 입고 하나님의 음성을 들으며 살아 왔습니다. 하나님과 동행해 왔습니다. 그런데 이 자리에서 새롭게 하나님을 만납니다.

사실 다윗의 마음에는 왕으로서의 야망이 있었습니다. 첫 번째로 궤를 운반하려고 시도한 것이 바로 그 야망 때문이고, 이번 시도에서도 그것을 완전히 버렸다고는 할 수 없습니다. 그런데 궤를 들어 올리는 순간 거룩하신 하나님, 너무도 크신 하나님의 임재를 경험하면서 다윗은 하나님 이외의 모든 것을 잊은 것입니다. 자신의 야망도, 크신 하나님 앞에서는 너무나 작고 의미가 없어져 버렸습니다.

그래서 다윗은 멈췄습니다. 오직 하나님만 보이는 이 순간, 무엇을 해야 할까요? 할 수 있는 것은 딱 하나, 하나님을 경배하는 것입니다. 그래서 다윗은 제물을 잡아 제사를 드립니다. 형식적인 제사가 아니라 하나님을 온전히 경배하는 마음의 제사입니다.

왕인 다윗이 이렇게 하나님을 향하니, 이 영향력이 온 무리에게 퍼집니다. 사무엘하에는 '다윗이' 제사드렸다고 기록되어 있고 역대상에는 '무리가' 제사 드렸다고 되어 있는데, 이를 합쳐서 생각해보면 다윗의 마음이 무리에게로 전달되어 함께 제사를 드렸다고 할 수 있습니다. 이 하나님의 임재 체험은 온 이스라엘 백성으로 하여금 기뻐 노래하며 춤추게 했습니다. 이 날, 다윗에게는 왕의 체면이 중요하지 않았습니다. 그의 눈에 보이는 것은 하나님뿐이었고, 그래서 마음껏 춤을 추며 예루살렘으로 향한 것입니다.

이제 다윗의 삶의 목표가 바뀌었습니다. 자신이 무엇을 이루는 것보다 하나님을 향하고 하나님께 경배하는 것이 중요합니다. 처음 궤를 옮기러 갈 때와 지금 경배하는 다윗, 그 차이는 정말 큽니다.

다윗의 이런 모습은 역대상의 첫 독자인 포로 후기 백성들에게 어떤 의미가 있었을까요? 그들은 힘겨운 일상을 지루하게 살아가고 있었습니다. 그러나 다윗은 그들을 삶에 놀라운 도전을 주었습니다. 환경은 변하지 않더라도 스스로 말씀을 깨닫고, 세밀하게 능력을 발휘하며, 예배의 감격을 회복하여 충만한 일상을 살아갔을 것입니다.

성장은 하나님과 가까워지는 것이다

하나님의 사람은 실패까지도 동력으로 삼아 거듭 성장하는 사람입니다. 성경 속에서 또다른 성장의 모습을 찾아볼 수 있을까요?

우선 예수님의 제자들을 생각해봅시다. 제자들은 예수님의 부르심을 받은 후 3년을 예수님과 함께 다녔습니다. 3년간 얼마나 성장했을까요? 예수님의 말씀을 그만큼 들었으니 지식은 확실히 늘었습니다. 예수님에게서 병을 고치고 귀신을 쫓아내는 능력을 받아 행하기도 했으니, 대단한 사람들이 되었습니다. 그러나 정말 '성장' 했을까요? 다윗을 볼 때, 성장은 하나님과 더 가까워지는 것이었습니다. 하나님과 더 가까워진다는 의미에서 복음서에 나오는 예수님의 제자들은 정말 성장했을까요?

예수님이 십자가에 못 박혀 죽으시기 직전까지, 제자들 사이에는 논쟁이 있었습니다. '누가 더 잘났냐, 누가 더 크냐' 하는 문제였습니다. 심지어 두 명의 제자가 예수님께 나아와 남들보다 높은 자리를 요구하고, 이들을 시기한 나머지 제자들이 화를 내어 다투기까지 합니다. 막 10:35-41 이 지경이니, 예수님께 이미 받았던 병 고치는 능력까지 잃어버리고 맙니다. 막 9:14-29 예수님이 죽으신 다음에도, 부활하신 예수님을 만난 다음에도, 제자들의 모습은 별로 달라지지 않았습니다. 성장이 아니라 퇴보요 영적으로 지극히 둔한 모습입니다.

그런데 사도행전으로 넘어가면, 이 제자들이 죽음도 두려워하지 않고 예수님을 증거하는 사람들로 변해 있는 것을 볼 수 있습니다.

> 사도들은 그 이름을 위하여 능욕 받는 일에 합당한 자로 여기심을 기뻐하면서 공회 앞을 떠나니라. 행 5:41

이들의 손을 통해 교회가 세워지고 복음이 사방으로 퍼져 나갔습니다. 기적 같은 성장입니다. 어떻게 이런 성장이 가능했을까요? 바로 이들에게 성령이 임했기 때문입니다. 사도행전 2장에서 제자들에게 성령이 임할 때 일어난 눈에 보이는 기적은 이들이 방언을 말했다는 것입니다. 그러나 그 이상으로 큰 기적은, 잡혀갈 것이 두려워 숨어 있던 이들이 두려워하지 않고 하나님을 증거하는 자들이 되었다는 것입니다.

제자들은 성장이 불가능해 보이는 사람들이었습니다. 예수님과 함께 3년이나 다니면서도 그 정도였으니 말입니다. 그런 그들이 성령을 받아 극적으로 성장했으니, 그들의 성장은 그 누구도 아닌 하나님이 이루신 것입니다.

여기서 우리는 이런 결론을 얻을 수 있습니다. 자기 스스로 성장해서 하나님께 가까이 나아갈 수 있는 사람은 아무도 없습니다. 그리고 성장이 불가능한 사람도 없습니다.

주님 안에서 성장한 사람들은 겸손합니다. 자신의 힘으로 된 것이 아닌 줄 알기 때문입니다. 하나님의 은혜가 아니면 자신도 하나님을 가까이할 수 없는 존재임을 알기 때문입니다.

> 그러나 내가 나 된 것은 하나님의 은혜로 된 것이니 내게 주신 그의 은혜가 헛되지 아니하여 내가 모든 사도보다 더 많이 수고하였으나 내가 한 것이 아니요 오직 나와 함께하신 하나님의 은혜로라. 고전 15:10

이것은 사도 바울의 고백입니다. 바울은 주님 안에서 대단한 영적 성장을 경험한 사람입니다. 그런 사람의 입에서 자신의 모습이 오직 하나님의 은혜로 된 것이라는 고백이 나옵니다.

또한 바울은 빌립보 교인들을 향해 이런 마음을 품었습니다.

> 너희 안에서 착한 일을 시작하신 이가 그리스도 예수의 날까지 이루실 줄을 우리는 확신하노라. 빌 1:6

예수님 믿는 것을 '착한 일'이라 한다면, 아무리 모자란 사람이라도 그리스도 예수의 날이 올 때까지 끊임없이 성장하고 완성되어 갈 것입니다. 주어를 눈여겨보십시오. 이런 일을 주도하는 분이 누구입니까? "너희 안에서 착한 일을 시작하신 이." 즉 하나님입니다. 이것이 사람을 향한 바울의 비전입니다. 사람을 볼 때, 지금의 모습을 넘어서 하나님이 이루어 가실 놀라운 모습을 미리 바라보는 것입니다. 그리고 바울의 이런 비전을 하나님은 분명하게 이루어 주셨습니다.

성장은 하나님이 만들어가신다

지금 당신에게 '비전이 무엇입니까?'라고 묻는다면 무엇이라 대답하겠습니까? 성경은 오늘날 우리가 가져야 할 정말 중요한 비전에 관해 말씀합니다. 바로 성장에 대한 비전입니다. 나 자신과 주변 사람들의 영적 성장에 대한 비전입니다. 물론 하나님의 일을 향한 큰 비전들도 많이 있을 것입니다. 그러나 각 사람의 영적 성장에 대한 비전이 없으면 어떤 일을 이뤄내도 다툼이 생깁니다. 하나님의 영광은 희미해지고 인간의 영광을 놓고 씨름하게 됩니다. 그렇게 되지 않으려면 일에 관한 비전보다 영적 성장에 대한 비전을 먼저 품어야 합니다.

주변 사람들의 영적 성장을 위한 비전 또한 중요합니다. 일은 이루었다가도 무너지지만, 한 사람이 영적으로 성장하면 그 영향력은 대단한 폭발력을 지닐 수 있습니다. 사실 그런 이유들은 다 차치하고, 주님이 품으신 비전이 바로 사람입니다. 이 땅에 어떤 조직을 세우거나 일을 완수하는 것이 아니라, 부족한 사람들을 포기하지 않고 끝까지 인도하여 성장시키고 세우는 것이 주님의 비전입니다. 그러므로 우리의 비전 가운데 영적 성장이 최우선 자리를 차지하는 것이 마땅합니다.

영적으로 성장해야 할 영역은 많습니다. 그 중에서도 본문에서는 말씀, 세심함, 예배라는 세 부분을 다룹니다. 물론 다윗이 이 과정을 의도하고 계획했던 것은 아닙니다. 하나님이 이루어 주신 것입니다. 그러나 하나님이 성경을 통해 다윗의 성장 과정을 보여 주신 것은, 다윗이 걸어간 그 성장의 길을 우리도 걸어가라는 의미이기도 합니다. 그 길을 향해 스스로 나아가지 않고 언젠가 하나님과 더 가까워질 날이 올 거라는 막연한 기대만 하며 가만히 앉아 있는 것은 게으름입니다.

성장을 위해 치밀하게 준비해라

다윗의 첫 번째 변화는 말씀을 받아 그대로 행하는 것이었습니다. 오늘날은 말씀에 대한 가르침이 넘쳐나는 시대입니다. 책으로, CD나 테이프로, 인터넷으로, 많은 말씀 사역자들이 성경 내용을 잘 풀어 가르쳐 줍니다. 그러나 많은 사람들이 그 말씀을 감동으로는 받되 내 자신이 구체적으로 실천해야 할 엄중한 말씀으로 받지는 않습니다. 말씀을 듣거나 읽고 감동 받으면서, 마치 자신이 그 말씀대로 살고 있는 것처럼 착각하는 분들이 많지요. 말씀을 삶에서 행하는 사람, 이것이 우리가 품어야 할 영적 성장의 비전입니다.

페퍼 J. Pfeffer와 서튼 R. I. Sutton은 《왜 지식경영이 실패하는가》라는 책에서 실패하는 기업의 문제를 지적합니다. 우리말 제목보다 영어 원제목이 더 명확한데, 《Knowing-Doing Gap: How smart companies turn knowledge into action》입니다. 아는 것과 행하는 것의 간격, 그것이 실패하는 기업의 원인이라는 것입니다. 이 책은 실제 행동으로 옮겨지는 지식은 행하면서 얻은 지식임을 역설합니다.

우리도 말씀을 듣고, 알면서도 '이 정도야' 하면서 그대로 행하지 않는 경우가 얼마나 많은지요. 위로와 회복의 말씀은 좋아하지만 제자로서의 책임에 관한 말씀은 듣고 감동하되 곧 잊어버립니다. 눈물 흘리며 회개도 하지만, 그 사실만으로 자신이 달라졌다고 착각하면서 정말 변화되려고 몸부림치지는 않습니다.

다시 한번 다윗을 생각합니다. 처음 궤를 운반할 때 주변에 제사장과 레위인들이 있었습니다. 그들은 궤를 레위인들의 어깨에 메야 한다는 사실을 몰랐을까요? 다윗이 몰랐더라도 그들은 알았을 것입니다. 그런데 그들은 다윗이 궤를 수레에 실을 때 잠잠했습니다. 결국 그것은 한 사람의 죽음과 궤 운반의 실패로 이어졌습니다. 말씀을 알기는 하지만 '설마', '이 정도야' 했을 때 온 결과입니다.

물론 하나님은 규정을 복잡하게 만들어 놓고 틀리면 벌 주려고 벼르고 계신 분이 아닙니다. 그러나 하나님은 사람의 중심을 보십니다. 다윗과 제사장, 레위인, 이스라엘 백성, 그 누구도 말씀을 귀하게 여기지 않았기에 궤 운반을 막으셨던 것입니다.

오늘 우리 자신을 돌아봅니다. 혹시 부지불식간에 어떤 규정을 어기지는 않을까 두려워 떨라는 말이 아니라, 내 마음의 중심이 하나님의 말씀을 들은 대로 행하고자 하는지 돌아보라는 것입니다.

다윗이 하나님과 가까워졌을 때, 궤를 운반하기 위해 하나하나 세심하게 조직하고 준비한 모습을 기억해 봅시다. 여기서 중요한 것은 한 사람의 제한된 에너지를 어느 부분에 쏟느냐 하는 것입니다. 다윗에게는 궤를 옮기는 일이 소중하기에 그렇게까지 세심하게 신경을 쓴 것입니다.

우리는 어떻습니까? 예를 들어, 자녀 문제를 생각해 봅시다. 자녀의 어떤 부분에 세심하게 신경을 쏩니까? 보통 성적에는 세심하지요. 그러나 내 자녀의 영적 성장에 세심합니까? 내 자녀가 참여하는 교회학교 예배와 교육에 세심하게 관심을 쏟습니까? 그렇지 않다면, 엄밀히 말해 자녀의 세상적인 성공에 대한 비전은 있지만 영적인 성장에 대해서는 비전이 없는 것입니다.

예배에 대해서는 어떻습니까? 예배자로 서는 것, 이것은 믿는 사람이 스스로의 성장을 위해 지녀야 할 정말 중요한 비전입니다. 예배는 모든 것의 주인이요 생사화복의 주관자이신 하나님을 높여드리고 그분을 만나는 시간이기 때문에 그렇습니다. 그 만남이 제대로 이루어진다면 삶이 달라질 것입니다.

사실, 다윗이 두 번째로 궤를 운반하면서 경험했던 강렬한 하나님의 임재는 쉽게 경험하기 힘듭니다. 그런 직접적인 임재를 자주 체험하는 예배나 집회도 있지만, 그렇지 못한 경우가 훨씬 더 많을 것입니다. 별다른 감동 없이 주일 예배가 진행되고 끝나는 경우도 많지요.

그래서 예배자의 마음과 자세는 더욱 중요합니다. 예배를 위해 나 자신을 세심하게 준비한다면, 찬송에 간절함을 더한다면, 설교를 진정 내게 주시는 하나님의 말씀으로 듣는다면, 헌금할 때 내 모든 물질의 주인이 하나님임을 고백하며 감사함과 떨림으로 드린다면, 나의 예배가 달라질 것입니다. 당장 예배 전체가 달라지지는 않더라도, 나의 예배가 달라짐으로 인해 스스로 얻는 풍성함은 말로 다할 수 없습니다. 그런데 우리는 그 풍성함을 경험하지 못한 채, '오늘 예배는 괜찮았어.' 혹은 '오늘 예배는 별로였어.' 라며 예배를 판단만 하고 있는 것은 아닌지요.

꿈을 꿉니다. 말씀을 밋밋하게 보고, 하나님의 일들을 밋밋하게 보고, 예배에 밋밋하게 참여하는 사람이 아닌, 말씀의 능력을 삶으로 경험하는 사람, 그 능력이 주변을 향해 세심하게 뻗어 나가는 사람, 참된 예배자로 하나님 앞에 서는 사람! 지금 나와 내 옆 사람이 바로 그런 사람이 되는 꿈을 꿉니다.

••• 역대상 한눈에 보기

역대상 15–17장

15장

15장에는 참 많은 이름이 나옵니다. 다윗이 세심하게 조직한 레위인 지도자들의 이름입니다. 아마도 그날의 감격이 너무나 특별해서, 그 감격을 함께한 사람들의 명단이 이렇게 전해졌을 것입니다. 또한 다윗이 성장하여 예배자로 섰을 때, 주변 사람들 모두 예배자가 되었습니다.

그러나 이것으로 모든 것이 좋아졌을까요? 다윗이 이만큼 변화된 것도 귀한 일이고 모든 사람이 예배의 놀라운 기쁨에 함께한 것도 오래도록 기억할 일입니다. 그러나 한 번의 예배로 삶이 바뀌는 것은 아닙니다. 예배의 감격이 삶에서 지속되려면, 한 번의 감격을 넘는 조치가 필요합니다. 그 조치를 할 줄 아는 능력이 하나님의 사람에게만 있는 진짜 리더십입니다.

16장

16장으로 들어가면, 하나님의 궤가 예루살렘에 도착해서 감사 예배를 드리는 장면이 나옵니다. 그 다음에 다윗이 보여 주는 리더십은 이러합니다.

또 레위 사람을 세워 여호와의 궤 앞에서 섬기며 이스라엘 하나님 여호와

를 칭송하고 감사하며 찬양하게 하였으니. 16:4

　이번에는 임시 조직이 아니라 상시적인 레위인의 찬양 조직을 만듭니다. 그리고 그 조직의 큰 틀이 나옵니다. 16:5-6; 37-42 물론 궤를 모셔 왔으면 그 옆에서 섬기는 사람들의 조직이 생기는 것은 당연한 일입니다. 그런데 16장의 이 조직에 관한 기록을 보면, 각 분야의 지도자가 누구라는 정도가 아니고, 이들이 얼마나 소중하고 중요한 일을 했는지를 힘주어 강조합니다. 그러므로 이 조직은 우연히 생긴 게 아니라, 온 맘 다해 하나님을 찬양하도록 다윗이 세심한 준비를 거쳐 만든 조직입니다.

　다윗의 리더십은 궤를 옮겨온 날의 감동을 지속하고 확장할 수 있는 시스템을 만드는 데까지 성장했습니다. 그리고 다윗은 이것을 더욱 견고히 하기 위해, 예루살렘뿐 아니라 궤가 오랫동안 머물렀던 기브온에도 동일한 예배 시스템을 만듭니다. 16:39-43

17장

　17장은 다윗이 성전을 짓고 싶어하나 하나님이 허락하지 않으시는 내용입니다. 다윗은 왜 성전을 짓고 싶어했을까요? 온 백성이 하나님만 바라볼 수 있도록, 더욱 견고한 시스템을 만들고 싶었던 것입니다. 그러나 하나님은 이를 거절하시고, 성전 건축을 다윗의 아들에게 넘기라고 하십니다.

　다윗은 이 말씀을 듣고 순종하며 감사 기도를 드립니다. 이것 또한 하나님과 더욱 가까워진 다윗의 성숙한 모습을 보여 줍니다. 자신이 이루고 싶은 일이 있지만, 그것까지는 아니라고 한계를 정해 주시는 하나님 앞에 감사기도를 드리는 겸손함, 다윗은 여기까지 거듭 성장하고 있습니다.

기도

하나님,

하나님의 마음을 더 깊이 알고,

하나님과 더욱 가까워지게 해주소서.

그 동안 말씀을 우습게 여겼습니다.

내가 좋아하는 일에는 세심하면서 하나님의 일은 대충 했습니다.

그저 억지로 참으며 형식적으로만 예배에 참석했습니다.

좋은 말씀과 좋은 찬양을 즐기기는 했지만 제 삶과는 상관이 없었습니다.

그래서 바로 저 때문에, 제가 매주 드리는 예배에

하나님의 임재의 감격이 없었음을 깨달았습니다.

주님, 이제 달라지고 싶습니다.

하나님과 더 가까워지고 싶습니다.

내가 성장하고 주변 사람들이 함께 성장하기를 기도합니다.

다윗이 하나님과 가까워졌듯이, 우리의 영이 말씀으로, 예배로 자라나서,

주님의 영향력을 세심하게 끼치기를 구합니다.

저 스스로는 변할 수 없음을 고백하오니,

성령이여, 이 시간 저를 채우사

하나님과 더 가까워지도록 인도하옵소서.

힘줄을 끊은 자

다윗은 참 많은 전쟁을 치렀습니다. 역대상 18장에는 다윗이 어디에서 승리했다는 간단한 보고 외에는 전쟁 과정에 관한 구체적인 기록이 별로 없습니다. 그런 중에 독특한 일화가 하나 눈에 띕니다. 바로 다윗이 전쟁에서 많은 포로와 더불어 병거 천 대를 전리품으로 얻은 다음, 그 병거를 끄는 말들 대부분의 발 힘줄을 끊었다는 것입니다.

여러 나라들과의 전쟁 이야기들이 많을텐데 다른 것은 다 생략하고 이것만 기록했다는 점이 주목할 만합니다. 먼저, 병거는 말이 끄는 수레 위에 각종 무기를 장착한 것으로 당시 최신식 무기였습니다. 병거가 많다는 것은 군사력이 강하다는 의미였습니다. 누구나 환성을 올릴 만한 전리품이지요.

그런데 다윗은 이때 상식 밖의 행동을 합니다. 얻은 말들 가운데 90%의 발 힘줄을 끊은 것입니다. 힘줄을 끊으면 병마로는 못 쓰고 일하는 말로만 쓸 수 있습니다. 다윗은 이 어마어마한 전리품을 스스로 포기한 것입니다. 이유가 무엇일까요?

> ◎ 다윗이 그에게서 병거 천 대와 기병 칠천 명과 보병 이만 명을 빼앗고 다윗이 그 병거 백 대의 말들만 남기고 그 외의 병거의 말은 다 발의 힘줄을 끊었더니. 대상 18:4

역대상 18장 4절을 읽으면서 떠오르는 말씀이 있습니다. 바로 신명기 17장 말씀입니다. 이 말씀은 왕이 많이 두지 말아야 할 세 가지를 지정합니다.

> 그는 병마를 많이 두지 말 것이요 … 그에게 아내를 많이 두어 그의 마음이 미혹되게 하지 말 것이며 자기를 위하여 은금을 많이 쌓지 말 것이니라. 신 17:16-17

병마와 아내와 은금. 이 세 가지는 왕이 되면 당연히 많이 가지려 하는 것들입니다. 군사력과 경제력을 갖추어 부국강병해야지요. 그리고 '왕실이 번영해야 한다'는 논리로 아내를 많이 두는 것도 동서고금의 많은 왕들이 행한 일입니다. 그런데 하나님의 말씀은 왕으로서 많이 가져야 마땅한 것들을 많이 갖지 말라고 합니다.

병마를 많이 두면 군사력을 의지하기 쉽습니다. 은금을 많이 쌓으면 경제력을 의지하기 쉽습니다. 그러나 군사력을 의지하는 자는 군사 때문에 망하고, 경제력을 의지하는 자는 돈 때문에 망하기 쉽습니다. 또 아내가 많아지면 왕의 마음을 어지럽히는 사람이 있게 마련입니다.

힘줄을 끊으면 하나님이 이기게 해주신다

앞 장에서 하나님과 가까워지는 첫걸음은 말씀대로 행하는 사람이 되는 것이라고 했습니다. 다윗도 모자랄 때가 있고 실수할 때도 있었지만, 지금 다윗은 하나님의 말씀에 '이렇게 하라.' 고 되어 있으면 그렇게 하는 사람입니다. 하나님의 말씀에 병마를 많이 두지 말라 하셨으니 그렇게 한 것입니다. 즉, 다윗은 신명기의 말씀에 그대로 순종했습니다. 예배자로 선 다윗은 이제 자신의 능력을 버리고 하나님만 온전히 의지하게 된 것입니다.

한 나라의 왕이자 전쟁을 계속 해야 하는 사람으로서, 기가 막힌 전리품인 병마를 얻었는데, 이것을 포기한다는 것은 참으로 어려운 일일 것입니다. 그러나 진정한 능력은 그러한 포기에서 시작됩니다. 그래서 하나님은 하나님의 사람들로 하여금 언제나 이렇게 '말의 발 힘줄' 을 끊도록 하십니다. 스스로 끊으면 좋지만, 스스로 끊지 않으면 끊도록 인도하십니다.

힘줄을 끊지 않고 자신이 가진 말의 힘줄을 의지한다면, 사람의 일은 이룰 수 있지만 하나님의 일은 이룰 수 없습니다. 그러니까 힘줄을 끊는 것은 버리는 것이 아니라 얻는 것입니다. 내가 가진 능력을 버리고 하나님의 능력을 얻는 것입니다. 따라서 얼른 보기에 다윗은 말씀에 따라 귀중한 것을 포기하는 것처럼 보이지만, 사실은 더 큰 것을 얻었습니다.

말의 발 힘줄을 끊은 다윗에 대해, 성경은 이렇게 증거합니다.

> 다윗이 어디로 가든지 여호와께서 이기게 하시니라. 대상 18:6, 13

'다윗이' 이긴 것이 아니라 '여호와께서' 이기게 하셨다는 구절을 주목해야 합니다. 이 주어의 차이는 실로 어마어마합니다. 하나님의 말씀에 따라 말의 발 힘줄을 끊은 사람, 그 사람은 스스로 힘겹게 이기는 삶을 사는 것이 아니라 하나님이 이기게 해주시는 삶을 살아갑니다.

이 메시지는 사실 힘겨운 생활을 하고 있는 포로 후기 이스라엘 백성들이 받아들이기 쉽지 않은 메시지입니다. 끊을 만한 말의 발 힘줄도 없다고 느낄 때였기 때문입니다. '끊을 것이라도 있으면 좋겠다.' 이것이 솔직한 심정일 수 있습니다. 이건 그때뿐 아니라 오늘날도 마찬가지입니다. 그러나 하나님이 주시는 큰 능력을 쥐기 위해서는, 내 손에 익숙한 작고 소중한 것을 내려놓는 연습이 필요합니다. 하나님은 힘겹게 살아가는 포로 후기 백성들이라 해서 다독거리고 위로하는 데만 초점을 두지 않으십니다. 오히려 그 속에서 자신이 가진 것을 끊어내고 하나님만 의지하는 강한 사람으로 이끌고자 하시는 것입니다.

이제부터 말의 발 힘줄을 끊었던 사람들의 흥미진진한 이야기를 살펴봅시다.

여호수아 : 불리한 길을 선택하다

여호수아는 모세의 후계자로, 애굽의 노예생활에서 벗어나 40년간 광야에서 생활하던 이스라엘 백성을 가나안 땅(오늘날의 팔레스타인과 이스라엘 지역)으로 인도한 민족의 지도자입니다. 비어 있는 가나안 땅으로 들어간 것이 아니라, 그 땅에 살고 있는 백성과 전쟁하여 이기고 땅을 차지한 것입니다. 이제부터 여호수아가 백성을 이끌고 막 가나안 땅으로 들어갔을 때의 이야기를 살펴봅시다.

여호수아와 이스라엘 백성은 가나안 땅 동쪽에서부터 진군해 들어갑니다. 광야와 가나안 사이에는 요단강이 있습니다. 이 강을 건너야 하는데, 마침 강이 범람하는 시기였습니다. 그런데 하나님이 강의 흐름을 막고 강바닥을 마르게 하는 기적을 일으키셔서, 이스라엘 백성은 마른 땅을 밟아 강을 건너갑니다. 이것이 여호수아 4장의 이야기입니다.

이스라엘 백성이 얼마나 사기충천했겠습니까? 이제 전쟁에서 이기는 일만 남았습니다. 그리고 5장에 들어가면, 이스라엘 백성이 강을 건너는 것을 보고 가나안 사람들의 마음이 녹고 정신을 잃었다고 합니다.

가나안과 이스라엘의 군사력을 객관적으로 비교하면, 가나안 쪽이 훨씬 우위입니다. 가나안 사람들은 견고한 성벽 안에 있을 뿐 아니라 철병거를 가지고 있었습니다. 앞에서도 말했지만 병거는 당시 최고의 무기입니다.

이에 비해 이스라엘은 병거는 커녕 아직 철기문명에도 진입하지 못한 상태였습니다. 그 증거가 성경에 있습니다. 이때로부터 400년이 지난 사울왕 때의 이야기입니다. 사무엘상을 보면, 이스라엘에는 철공(대장장이)이 없었고, 군대에서 철로 만든 칼을 가진 사람은 사울왕과 요나단 왕자밖에 없다고 되어 있습니다.13:19-22

철기문명이 이미 상당히 발달해서 철로 만든 최신식 무기까지 있는 수비측과 철기문명에 진입하지도 못한 공격측, 어느 쪽이 유리할까요? 말할 것도 없습니다. 그러나 전쟁은 객관적인 전력으로만 하는 것이 아닙니다. 군대의 사기가 중요합니다. 이스라엘은 갈라진 요단강을 건너면서 사기가 충천할 대로 충천했습니다. 반대로 객관적인 우위에 있는 가나안은 완전히 주눅이 들었습니다.

내가 이스라엘 지도자라면 어떤 전략을 펼칠까요? 첫째, 적군이 정신 차리기 전에 속전속결로 결판을 낸다. 둘째, 그렇게 하는 것은 비겁하니, 적군이 정신 차릴 때까지 기다렸다가 정정당당하게 실력 대 실력으로 겨룬다. 어느 쪽입니까? 전쟁은 이겨야 하는 것입니다. 이스라엘 백성에게 이 전쟁은 생존입니다. 당연히 첫째 전략이어야지요.

그런데 이때 하나님이 여호수아에게 말씀하십니다.

너는 부싯돌로 칼을 만들어 이스라엘 자손들에게 다시 할례를 행하라. 수 5:2

할례란 남자 생식기의 포피를 베어내는 수술입니다. 이 말씀을 어떻게 생각하십니까? 변변한 소독약이나 의료 장비도 없던 때에 돌칼로 할례를 받고, 전투력을 회복하기 위해서는 최소한 2-3주 이상은 걸릴 것입니다. 2-3주면 적군도 정신을 차리겠지요. '가만 있자. 이제 보니 이스라엘, 별거 아니잖아? 병거 한 대 없네.' 하고 말입니다. 게다가 모두 다 할례받고 누워 있을 때 적군이 기습해 오면 전멸하고 말 것입니다.

그러니 제가 여호수아라면 하나님의 명령에 순종하기 어려웠을 것 같습니다. '하나님, 어차피 광야 생활 동안 할례받지 못하고 살아온 백성입니다. 조금만 더 참아 주십시오. 일단 성 하나라도 점령해서 안전한 자리를 확보한 다음, 거기서 할례를 받게 하겠습니다. 지금 할례를 행한다는 게 말이 됩니까?' 이렇게 항의했을 것입니다.

그러나 여호수아는 하나님의 말씀에 그대로 순종하여 모두 다 할례를 받도록 합니다. 그리고 할례한 자리가 다 아문 후 처음 치른 여리고성 전투에서, 하나님은 이스라엘 백성이 성을 둘러싸고 크게 외칠 때 성벽이 무너지는 기적을 일으키셔서 첫 승리를 안겨 주십니다.

여기서의 할례가 바로 말의 발 힘줄을 끊는 일입니다. 여호수아는 절대적으로 유리한 상황을 내어놓고 하나님의 말씀을 따랐습니다. 그때 하나님이 승리를 주신 것입니다. 다윗과 완전히 닮은꼴입니다. 그런데 아직 마음 한켠에 강하게 남는 의문이 있습니다. 할례가 무엇인데 하나님은 그 중요한 순간에 할례를 받으라 하셨을까요? 할례의 의미를 제대로 알고 나면 여호수아와 이스라엘이 할례 받은 일이 가나안 정복전쟁에서 의미하는 바를 분명히 알 수 있습니다.

아브라함 : 가능성이 끊어진 자리에 서다

할례를 이해하려면 먼저 아브라함을 알아야 합니다. 이스라엘의 조상으로서 처음 할례 받은 사람이 바로 아브라함이기 때문입니다. 아브라함의 할례에 관한 이야기는 앞의 여호수아 이야기를 이해하는 데 도움이 될 뿐 아니라, 아브라함이라는 한 사람이 '말의 발 힘줄' 을 끊는 과정을 보여 줍니다.

아브라함은 하나님에게 자손의 축복을 약속받았음에도 매우 늙도록 자녀가 없었습니다. 그래서 어느 날 그의 아내 사라가 말합니다. "나는 이제 아이를 가질 수 없으니, 내 여종을 취하여 아이를 낳으시오." 창 16:2 참조 아브라함이 하나님의 약속을 믿는 사람이라면 아내의 말을 따르면 안 됩니다. 그러나 아브라함은 순순히 아내의 말을 듣고, 여종 하갈을 취해 이스마엘을 낳습니다.

창세기 16장 마지막 절을 보면, 이때 아브라함은 86세였습니다. 그런데 17장 1절은 "아브라함이 99세 때에"라고 시작합니다. 성경에는 본래 장, 절이 없었고 현재의 장과 절은 후대에 붙여진 것입니다. 장과 절을 없애고 16장과 17장을 그대로 연결해 읽으면 이렇게 됩니다.

하갈이 아브람에게 이스마엘을 낳았을 때에 아브람이 팔십육 세였더라 / 아브람이 구십구세 때에 여호와께서 아브람에게 나타나서 이르시되 나는 전능한 하나님이라 너는 내 앞에서 행하여 완전하라.

성경이 아무 의미 없이 86세와 99세라는 나이를 붙여 놓지는 않았을 것입니다. 여기 들어 있는 의미가 무엇일까 생각하면서 17장을 좀 더 읽다 보면, 아브라함은 이제 99세가 되어 아이를 가질 수 있는 남자로서의 능력을 완전히 상실했다는 것을 알 수 있습니다. 창 17:17 첩의 아들 이스마엘밖에 자손이 없으니, 얼마나 절망스러웠을까요?

그런데 아브라함을 이 지점까지 가게 하는 것이 바로 하나님의 뜻이었습니다. 아브라함이 스스로 '말의 발 힘줄'을 끊었다면 좋았을 것입니다. 아브라함에게 말의 발 힘줄을 끊는다는 것은, 첩을 취할 수 있지만 취하지 않고 아내를 통해 자식을 주시겠다는 하나님의 약속만 바라보는 것이었습니다. 그러나 아브라함은 자신의 능력을 의지했습니다.

그래서 하나님은 아브라함의 '말의 발 힘줄' 이 끊어지기까지 긴 시간을 기다리셨습니다. 86세부터 99세까지가 바로 그 시간입니다. 아브라함은 이 시간을 어떻게 견뎠을까요? 인간적인 노력을 다했을 수도 있고, 자포자기하며 지냈을 수도 있습니다. 17장을 시작하면서 울려 오는 하나님 말씀을 보면, 그 기간 동안 하나님의 음성을 전혀 듣지 못했을 수도 있습니다. 어찌 되었든 힘겨운 시간이었을 것입니다.

암흑 같은 시간을 지나면서, 이제 아브라함은 본의 아니게 말의 발 힘줄이 끊어진 사람이 되었습니다. 자신의 힘으로는 아무것도 못하는 사람이 되었습니다. 그때 하나님이 나타나셨습니다. 위의 17장 1절 마지막 부분, "너는 내 앞에서 행하여 완전하라." 는 말씀에 주목합시다. 완전하라! 인간이 어떻게 모든 면에서 완전할 수 있겠습니까? 이것은 "완전히 하나님만 의지하라." 는 의미입니다.

그리고 이때 하나님이 몇 가지를 말씀하시는데, 그 중 하나가 그때까지 '아브람' 이었던 이름을 '아브라함' (열국의 아비)으로 바꾸어 주시겠다는 것입니다. 그리고 과거에 아브라함에게 주셨던 약속을 다시 상기시키면서 할례를 명하십니다.

하나님이 할례를 명하신 것은 아브라함이 청년일 때가 아니었습니다. 아브라함을 그 아버지의 집에서 불러내던 75세 때도 아니었습니다. 늙었지만 남자로서의 능력이 남아 있던 86세 때도 아니었습니다. 완전히 능력이 끊어진 99세, 그때 그 불가능한 자리에서 할례를 받도록 하신 것입니다. 이제 할례 받은 사람으로서 아브라함은 사라를 통해 아들 이삭을 낳습니다. 그리고 할례는 이스라엘 남자의 상징이 됩니다.

그러므로 할례는 '나는 인간적인 가능성이 끊어진 자리에서 하나님만 의지하는 사람입니다.' 라는 뜻입니다. 역대상 말씀을 연결하면, '나는 말의 발 힘줄을 끊고 하나님만 의지하는 사람입니다.' 란 뜻입니다. 이렇게 보면, 아브라함이 99세가 되어서야 자손을 얻은 것은 오히려 하나님의 축복입니다. 만약 아브라함이 자신의 힘줄을 사용할 때 하나님이 자손을 주셨다면 어찌 되었을까요? 자기 힘으로 낳은 줄 알고 더욱 자기 자신을 의지했을 것입니다. 자기 힘에 의지하지 않고 하나님께 의지하는 가운데 자손을 얻은 것, 이것이야말로 큰 복이었습니다. 능력의 근원에 잇대어 살게 된 것이니까요. 그래서 아브라함은 혈통으로뿐 아니라 영적으로도 이스라엘의 조상인 것입니다.

이렇게 할례를 이해하고 나면 여호수아 5장에서 하나님이 굳이 그 상황에서 할례를 받게 하신 이유가 분명해집니다. 즉, 할례 받고 전쟁을 시작한다는 것은 이런 뜻입니다. '우리는 인간의 방법으로 싸우지 않겠습니다. 우리의 능력에 의지하지 않고(말의 발 힘줄을 끊고!) 하나님만 온전히 의지하고 싸우겠습니다.' 하나님은 바로 이 고백을 원하셨습니다. 어차피 자신들의 힘으로는 가나안과의 전쟁에서 이기지 못합니다. 한두 번은 승리할 수 있을지 모르지만, 수십 개 성과의 전투에서 어떻게 다 승리합니까? '네 힘으로는 안 된다. 나를 의지하고 싸워라!' 이것이 바로 하나님의 뜻이었습니다.

바울 : 자기에게 유익하던 것을 해로 여기다

바울은, 교회를 핍박하던 사람에서 수많은 교회를 세운 선교사로 완전히 바뀐 사람입니다. 다른 말로 하면, 바울은 '말의 발 힘줄'을 단련하고 또 단련하던 사람입니다. '나는 이만큼 강한 힘줄을 가진 사람이다.'라고 누구 앞에서도 자랑할 것이 많은 사람이었습니다.

> 그러나 나도 육체를 신뢰할 만하며 만일 누구든지 다른 이가 육체를 신뢰할 것이 있는 줄로 생각하면 나는 더욱 그러하리니 나는 팔 일 만에 할례를 받고 이스라엘 족속이요 베냐민 지파요 히브리인 중의 히브리인이요 율법으로는 바리새인이요 열심으로는 교회를 박해하고 율법의 의로는 흠이 없는 자라. 빌 3:4-6

그런데 바로 다음 구절을 보면, 바울이 이렇게 말합니다.

그러나 무엇이든지 내게 유익하던 것을 내가 그리스도를 위하여 다 해로 여길 뿐더러 또한 모든 것을 해로 여김은 내 주 그리스도 예수를 아는 지식이 가장 고상하기 때문이라 내가 그를 위하여 모든 것을 잃어버리고 배설물로 여김은 그리스도를 얻고. 빌 3:7-8

자기에게 유익하던 것을 해로 여겼다, 이것이 무슨 말입니까? 말의 발 힘줄을 끊었다는 말입니다. 말의 발 힘줄을 끊고 끝난 것이 아닙니다. 말의 발 힘줄을 끊었다는 것은 하나님의 능력과 가능성에 온전히 의지하겠다는 뜻입니다. 하나님의 능력과 가능성, 그것을 바울은 지금 '그리스도를 아는 지식' 이라고 표현합니다. 그리스도를 아는 지식. 이것을 더 구체적으로 말하면 '십자가' 입니다.

그 의미를 분명하게 보여 주는 말씀이 있습니다.

형제들아 내가 너희에게 나아가 하나님의 증거를 전할 때에 말과 지혜의 아름다운 것으로 아니하였나니 내가 너희 중에서 예수 그리스도와 그가 십자가에 못 박히신 것 외에는 아무것도 알지 아니하기로 작정하였음이라. 고전 2:1-2

여기에서 '말과 지혜의 아름다운 것' 이 바울이 자랑할 수 있는 말의 발 힘줄에 해당합니다. 바울은 그것을 끊고 예수 그리스도의 십자가에만 집중했습니다. 오직 하나님만 의지했다는 말입니다.

이렇게 하나님만 의지할 때, 하나님은 바울 자신의 힘으로는 할 수 없는 일들을 이루셨습니다. 환상을 통해 바울을 인도하시고행 16:9 감옥 문을 열며행 16:26 손수건만 얹어도 병이 낫게 해주셨습니다.행 19:12 바울은 해결할 수 없었던 군중의 소요가 하나님의 보이지 않는 간섭 가운데 싱거울 정도로 쉽게 끝나기도 합니다.행 19:23-41, 18:12-17 돕는 사람을 옆에 붙여 주신 적도 많습니다.행 11:25, 16:1, 18:2

그런데 여기서 한 가지 주의할 것이 있습니다. 성공하고, 잘 되려고 하나님을 의지해서는 안 된다는 것입니다. 때로는 말의 발 힘줄을 끊고 하나님만 의지했음에도 세상적으로는 완전히 실패할 수도 있습니다. 목회 현장에서 이런 힘든 일을 겪는 분들을 많이 보았습니다. 그러나 많은 분들이 그런 환경 가운데서도 기뻐하고, 이 세상의 조건에 얽매이지 않고 영원한 것을 바라봅니다. '저 상황에서 어떻게 저럴 수가 있을까?' 할 정도로 말입니다. 이것이 사회적인 성공보다도 더 큰 능력입니다. 힘줄을 끊은 사람에게 임하는 하나님의 능력입니다.

예수 그리스도 : 십자가에서 순종하시다

이 모든 사람을 넘어, 하나님의 아들이신 예수 그리스도를 생각해 봅시다. 예수님이 십자가에 달리실 때 일입니다.

예수께서 큰 소리로 불러 이르시되 아버지 내 영혼을 아버지 손에 부탁 하나이다 하고 이 말씀을 하신 후 숨지시니라. 눅 23:46

예수님은 능력의 주님이십니다. 십자가에 달리지 않으려면 달리지 않을 수 있는 분입니다. 그러나 그런 분이 자신의 능력을 끊고, 기적의 능력을 끊고, 천군천사를 다 동원할 수 있는 능력을 끊고, '내 영혼을 아버지 손에 부탁하나이다.' 라고 하신 그 자리가 바로 십자가입니다. 예수님이 말의 발 힘줄을 끊는 모범을 십자가에서 보이신 것입니다. 십자가 위에서 예수님은 자신의 능력을 발휘하지 않으시고 다 버리셨습니다. 그리고 거기서 부활의 역사가 일어납니다.

힘줄, 단련할 것인가 끊을 것인가

우리는 매순간 선택을 하며 살아갑니다. 내 말의 발 힘줄을 단련해서 그것으로 살지, 아니면 그것을 끊고 하나님께 의지하며 살지 말입니다. 물론 힘줄을 통해 세상의 많은 것을 성취할 수 있습니다. 세계적인 부자가 될 수도 있고, 명성 높은 정치 지도자가 될 수도 있고, 예술가가 될 수도 있습니다. 다윗은 굳이 말의 발 힘줄을 끊지 않고도 전쟁에서 이길 수 있었습니다. 뛰어난 장군이었기 때문입니다. 여호수아 또한 온 백성에게 할례를 행하지 않고도 전쟁에서 이길 방법이 있었습니다. 그러나 그렇게 해서 이기는 자리에는 피곤과 불안이 있습니다. 주변에 영적인 영향력을 미칠 수도 없습니다. 반면에 말의 발 힘줄을 끊은 사람이라면, 그 영적인 영향력, 감동의 영향력이 오래갈 것입니다.

내 힘줄, 즉 내가 가장 의지하고 있는 것이 무엇인지 생각해 봅시다. 총명함일 수도 있습니다. 성실함일 수도 있습니다. 법 없이도 살 만한 선한 마음일 수도 있습니다. 그러나 한 번만 깊이 생각해 보면, 이 모든 것은 의지할 만한 것이 못 된다는 것을 알 수 있습니다. 총명함에 욕심이 조금만 더해지면 누구나 볼 수 있는 것도 보지 못하는 미련함이 되고, 성실함이 상처를 입으면 모든 것을 놓아 버리는 불성실이 됩니다. 그리고 자신의 마음을 어떤 유혹 앞에서도 지킬 수 있는 사람은 없습니다. 이 모든 것을 버리고, '나는 진정 죄인입니다, 나는 악합니다, 나는 선한 일을 할 능력이 전혀 없습니다.' 하고 두 손을 들 때 새로운 일이 시작됩니다.

위에서 보았던 빌립보서 말씀에 이런 내용이 있었습니다.

> 무엇이든지 내게 유익하던 것을 내가 그리스도를 위하여 다 해로 여길 뿐더러 또한 모든 것을 해로 여긴다.

무엇이든지 내게 유익하던 것을 해로 여긴다? 그렇다면 자신의 장점과 은사들까지도 다 해로 여긴다는 말 아닙니까? 나쁜 것이야 버려야 하지만, 좋은 것을 왜 해로 여기고 버려야 합니까? 그 답이 바로 여기에 있습니다. 내가 아무리 잘하는 것이라도, 그것을 의지하고 살면 내 영성과 삶의 전 영역을 향한 하나님의 능력을 경험하지 못합니다.

따라서 힘줄을 단련할 것인가 아니면 끊을 것인가, 이것은 삶을 내가 아는 범위로 제한할 것인가 아니면 내가 아는 범위를 넘어 확장해 갈 것인가의 문제입니다. 하나님이 생각하시는 것은 우리가 생각하는 것과 다릅니다. 하나님을 향해 더 많이 성장하고 싶다면, 우리의 가장 소중한 힘줄을 끊어야 합니다. 그것이 바로 우리 영혼이 살 길, 능력을 경험하는 길입니다.

••• 역대상 한눈에 보기

역대상 18-19장

18-19장

18장에 들어와서, 다윗의 성장과 실제 통치 과정을 연결하는 고리가 바로 말의 발 힘줄을 끊는 선택이었습니다. 그 선택으로 다윗의 나라 이스라엘은 주변 나라들을 하나하나 복속시킵니다. 가드1절, 모압2절, 소바3절, 다메섹 아람5절, 하맛5절, 에돔12절 등이 복속한 나라들입니다. 앞에서 본 대로, 다윗이 어디로 가든지 하나님이 이기게 하셨습니다.

그래서 19장에 오면 최강의 적군까지도 쉽게 이겨냅니다. 암몬과 아람이 연합군을 형성하여 병거 칠천 대18절의 전력으로 이스라엘에 맞서지만, 하나님이 함께하시는 이스라엘 앞에서는 아무것도 아닙니다.

20장

20장으로 넘어가면 다윗의 내면에 작은 변화가 일어나기 시작합니다. 1절은 다윗이 밧세바를 범하고 그 남편 우리아를 죽이는 때에 관한 내용입니다. 삼하 11-12장 그런데 역대상은 다윗의 그 범죄를 생략합니다. 언뜻 보면 다윗의 범죄를 감싸주는 듯하지만, 그보다는 다윗이 저지른 범죄의 원인에 집중하고 있다고 보는 편이 더 좋겠습니다.

왕들이 출전할 때인데 다윗은 나가지 않았습니다. 나라를 잘 다스리기 위해서 그랬다면 비난받을 일이 아닙니다. 하지만 사무엘하를 보면, 이때 다윗은 저녁 무렵에 침상에서 일어날 만큼 게을러져 있었습니다.

다음 2절에는 다윗이 전리품인 왕관을 자기 머리에 쓰는 장면이 나옵니다. 사실 이 전쟁은 신하인 요압이 다 이겨 놓은 것인데, 자신이 마지막 승리의 주인공이 된 것입니다. 예전의 다윗이라면 '여호와께서 승리하게 하셨다.' 고 했을텐데, 지금은 자기가 주인공이 되어 왕관을 쓰고 있습니다. '내 말의 발 힘줄은 이렇게 강하다.' 라고 과시하는 모습입니다.

그래서 이때 나라에는 반란이 일어납니다. 역대상은 기록하지 않았지만, 사무엘하 13-20장에는 두 번의 반란이 기록되어 있습니다. 압살롬의 반란과 세바의 반란입니다. 역대상은 그러한 반란 사건보다 영적 분별력이 떨어진 다윗 본인의 잘못에 집중합니다.

21장

21장에는 사탄이 다윗을 충동하여 인구조사를 하게 했다는 내용이 나옵니다. 인구조사는 '내 말의 발 힘줄이 얼마나 강한가' 를 재는 행위입니다. 하나님의 능력에 의지하기보다 자기 말의 발 힘줄의 강도를 확인하고 그것을 사용해 나라를 다스리려고 하는 순간입니다. 이것은 교묘하게 정곡을 찌르는 사탄의 유혹입니다.

주권자이신 하나님의 자리에 서려 하는 순간, 다윗은 그 대가를 지불합니다. 하나님은 셋 중 하나를 선택하게 하셨습니다. 3년 기근, 3달 동안 적군에게 쫓기는 것, 사흘간의 전염병. 다윗은 전염병을 택했고, 이로 인해 7만 명의 백성이 죽습니다. 이 커다란 대가를 치르면서 다윗의 영이 회복되기 시작합니다. 그와 더불어 하나님이 마음을 돌이키십니다. 아니, 처음부터 하나님은 마음을 돌이키실 준비를 하고 계셨습니다. 하나님은 징계 받는 자가 하나님 앞에 다시 온전하게 서기를 학수고대하고 계십니다. 그래서 그런 모습이 보이자마자 하나님은 회복의 길을 열어 주신 것입니다.

PRAYER
기도

하나님, 오늘 다윗을 통해 저를 봅니다.

말의 발 힘줄을 강하게 하느라 온갖 애를 쓰면서도,

입으로는 주님을 따르는 자라 고백했습니다.

하나님께 기도한다 하면서도

온전히 의지하지 않았습니다.

제가 할 테니

제 말의 발 힘줄을 강하게만 해 달라고 기도해 왔습니다.

그래서 실망했습니다.

낙심했습니다.

상처도 얼마나 많이 받았는지 모릅니다.

힘줄이 강한 말을 가진 사람을 보면 질투도 많이 했습니다.

그래서 힘들었습니다.

주님, 뛰어넘겠습니다.

말의 발 힘줄을 끊고, 주님만 온전히 의지하겠습니다.

주님의 그 크신 은혜와 능력을 힘입어 살겠습니다.

저는 제 속의 욕심을 다스리지 못하오니,

주님의 은혜로 저를 인도하여 주옵소서.

미래를 준비하는 자

이번 장에서는 하나님의 은혜 가운데 성장하며 위대한 인생을 살았던 다윗이 어떻게 인생을 마무리했는지 살펴보겠습니다.

그런데 한 가지 범상치 않은 사실을 발견합니다. 역대상은 29장까지 있는데, 그 중 11장부터 29장까지가 다윗 이야기입니다. 그리고 다윗은 22장에서 솔로몬을 불러 이런저런 일을 당부하면서 본격적으로 은퇴를 준비합니다. 즉, 마무리가 전체의 42%(8/19)를 차지합니다.

성경은 모든 일을 다 기록할 수 없기 때문에 중요한 일을 중심으로 다룹니다. 따라서 성경이 다윗의 인생 마지막 부분을 이렇게 중점적으로 다룬다는 것은 이때가 그만큼 중요하다는 의미입니다. 다윗이 무엇을, 어떻게 했기에 그럴까요?

또 다윗의 은퇴 준비를 기록한 총 여덟 장 중에 다섯 장23-27장이 사람 이름입니다. 이 명단은 다윗이 왕위를 계승하고 조직을 세울 때 모은 방백과 제사장과 레위 사람의 명단입니다. 23장부터 26장까지는 제사장과 레위 사람이고, 27장은 이스라엘 각 지파의 지도자들입니다.

다윗과 관련된 사람들의 명단은 앞에서도 나온 적이 있습니다. 첫째, 다윗에게 몰려온 용사들의 명단11-12장, 둘째, 궤를 운반한 사람들의 명단15장, 셋째, 운반이 끝난 후 궤 옆에서 섬기는 사람들의 명단.16장 그리고 우리가 살피지는 않았지만 다윗이 세운 정치 지도자들의 짧은 명단18:14-17입니다.

앞서 나온 명단들도 기록된 분명한 이유가 있었듯이, 이 명단도 여기에 기록된 이유가 분명히 있을 것입니다. 그런데 다윗이 세운 조직의 명단이라면 다윗이 한참 일할 때 나왔어야 마땅하지 않을까요? 레위인의 명단23-26장은 16장에 덧붙이면 되겠고, 각 지파 지도자들의 명단27장은 18장 끝에 덧붙이면 될 것입니다. 그런데 23-27장의 이 명단을 다윗의 삶의 마지막 장면에 놓은 이유가 무엇일까요?

◎ 다윗이 나이가 많아 늙으매 아들 솔로몬을 이스라엘 왕으로 삼고 이스라엘 모든 방백과 제사장과 레위 사람을 모았더라. 대상 23:1-2

다윗이 보여 준 마지막 리더십

일단 이 명단은 이스라엘의 방백과 제사장과 레위인의 명단입니다. 23:1-2 그 중 먼저 나오는 것이 레위인입니다. 30세 이상의 사역자가 총 38,000명인데, 이들의 사역 분야와 가문에 관한 내용이 자세히 나옵니다. 우리가 생각할 때는 제사장이 레위인보다 더 중요한 사역을 할 것 같은데, 제사장에 관한 내용은 적고 24:1-19 레위인에 관한 내용이 압도적으로 많습니다. 즉, 다윗은 은퇴 준비를 하면서 레위인들을 세심하게 조직하는 데 심혈을 기울인 것입니다. 이것이 바로 다음 세대를 위해 자기 시대를 마무리하는 다윗의 마지막 리더십입니다.

다윗이 다음 세대를 위해 준비하는 이 순간에 중요했던 것은 이제 막 자리 잡기 시작한 신앙의 체계가 다음 세대로 전해질 수 있도록 하는 것이었습니다. 다윗이 이룬 신앙의 체계가 당대에 끝난다면 무슨 소용이 있겠습니까? 물론 아무리 체계를 잘 만들어 놓아도 다음 세대가 이어받기를 거부하는 경우도 있습니다. 그러나 그것은 다음 문제이고, 은퇴할 사람의 책임은 그 시스템을 만들어 이어 주는 것입니다. 그래서 다윗은 레위인에게 집중합니다.

다윗이 얼마나 이 일에 정성을 쏟았는지 그 내용이 다음 구절들에 나옵니다.

그 중의 이만 사천 명은 여호와의 성전의 일을 보살피는 자요 육천 명은

관원과 재판관이요. 23:4

레위 사람이 다시는 성막과 그 가운데에서 쓰는 모든 기구를 멜 필요가 없다 한지라. 23:26

다윗의 유언대로 레위 자손이 이십 세 이상으로 계수되었으니. 23:27

본래 레위 자손의 임무는 각 가족별로 성막의 기구를 메고 광야를 지나오는 것이었습니다. 그러나 광야를 지나 가나안에 정착하면서 그 임무는 거의 끝났고, 이제 새로운 임무, 하나님을 가까이에서 섬기는 새로운 임무가 필요했습니다. 그런데 광야 생활이 끝나고 다윗의 때까지 무려 400년이 지났는데도 그때까지 레위인들은 광야 여행을 위한 조직을 그대로 갖고 있었습니다. 그런 레위인들에게 정착 시대에 맞는 새로운 역할을 부여한 것이 바로 다윗입니다.

30세 이상 레위인 38,000명에 대한 개략적인 업무 분담이 23장 4-5절에 나옵니다. 여기에는 전통적인 레위인의 임무를 넘어서는 것도 있는데, 바로 '관원과 재판관' 입니다. 즉, 레위인들 중에는 성전 봉사뿐 아니라 말씀에 대한 지식을 가지고 이스라엘의 영적, 지적 리더 역할을 하는 사람들도 있었습니다.

이런 레위인의 역할은 포로 시대 이후 예루살렘 회복의 근간이 됩니다. 느헤미야서를 보면, 포로생활에서 돌아온 레위인들이 온 백성의 영혼을 깨우는 데 얼마나 큰 역할을 했는지 알 수 있습니다(특히 느헤미야 8-9장).

그런데 문득 이런 생각이 듭니다. 과연 내가 왕이었다면, 은퇴 준비를 하면서 레위인들을 조직하고 정돈하는 데 이 정도로 정성을 쏟았을까? 왕이 되면 나라를 지키고, 다스리고, 부강하게 하는 데 집중하기 마련 아닙니까? 레위인들은 전쟁을 맡은 사람들이 아닙니다. 경제 운영을 맡은 사람들도 아닙니다. 또한 정치를 이끌어 가는 사람들도 아닙니다. 오직 성전과 예배를 섬기는 사람들입니다. 국정 운영에 그다지 실질적인 유익을 끼치지 않아 보이는 사람들입니다. 그러나 다윗은 그것이 바로 나라의 근간임을 알고 있었습니다. 그 깨달음 가운데 정비된 레위인들의 조직이 포로시대 후기까지 힘을 발휘한 것입니다.

다음 세대에 물려줄 영성

이렇게 세심하게 조직한 레위인들에 대한 묘사 중에 인상적인 부분들이 있습니다. 그 중 첫째는 하나님의 궤가 3개월간 머물렀던 오벧에돔과 그 가족에 관한 내용입니다.

이는 하나님이 오벧에돔에게 복을 주셨음이라 … 이는 다 오벧에돔의 자손이라 그들과 그의 아들들과 그의 형제들은 다 능력이 있어 그 직무를 잘하는 자이니 오벧에돔에게서 난 자가 육십이 명이며. 26:5-8

이들은 문지기입니다. 그런데 '직무를 잘한다' 는 말이 눈에 들어옵니다. 문지기가 직무를 잘하는 것이 무슨 큰 의미가 있을까요? 문지기는 일상적인 일을 반복할 뿐, 창조적인 노력이나 성취를 하는 자리가 아닙니다. 그런데 역대상 말씀은 분명히 "능력이 있어 그 직무를 잘하는 자" 라고 했습니다. 이것이 어떤 의미일까요?

오벧에돔의 가족을 곰곰이 생각하면서 본문을 읽다 보면 이런 표현들이 눈에 띕니다.

"신령한 노래를 하는 자." 25:1, 2, 3 "하나님의 말씀을 가진 왕의 선견자." 25:5 "여호와 찬송하기를 배워 익숙한 자." 25:7 "용사." 26:6, 31, 32 "명철한 모사." 26:14

이런 표현들 속에는 레위인들이 어떤 마음, 어떤 자세로 자신의 임무를 수행했는지가 들어 있습니다. 이들은 조직이었기에 내키는 대로 일하는 것이 아니라, 하나님이 주신 감동으로 최선을 다했습니다. 그 얼굴에 감동과 기쁨이 있고, 서로 만날 때마다 격려하고 칭찬하고, 누가 보지 않더라도 밤 늦게까지 구석진 자리를 정돈하고 돌보았을 것입니다.

다윗이 레위인들의 조직을 만든 이유는 감동의 시스템, 예배의 시스템을 통해 한번 받은 은혜를 지속하고 확장하는 데 있다고 했습니다. 그러나 이것은 조직을 잘 갖춘다고 되는 것이 아닙니다. 그 조직이 어떤 동력으로 움직이는가 하는 것이 문제입니다. 다윗의 때에는 잘한다고 특별히 칭찬하는 사람이 없어도 일상적이고 지루한 일을 정성스럽게 감당하는 레위인들의 삶, 그것이 나라 전체를 이끌어 가는 힘이었습니다. 그것은 어디에도 비할 수 없는 능력이었습니다.

다윗이 후대에 남길 것은 영적 능력이었습니다. 건물도 아니고, 조직도 아닙니다. 군사력도 아니고 경제력도 아닙니다. 그런 것들도 의미가 있지만, 나라를 움직이는 근본적인 동력이 되지는 못합니다. 그보다 더 중요한 것은 나라 전체에 활력을 불어넣는 영적 능력입니다. 그리고 그 능력이 나오도록 시스템을 갖출 수 있다면, 그 시스템이 또한 사람을 만듭니다. 그래서 다윗은 후대에 물려줄 이 시스템을 확고히 하는 데 마지막 힘을 쏟은 것입니다.

다음 세대를 무장시킨 여호수아

여호수아서는 총 24장입니다. 그런데 딱 절반을 지난 13장 첫머리에 이런 말씀이 나옵니다.

여호수아가 나이가 많아 늙으매 여호와께서 그에게 이르시되 너는 나이가 많아 늙었고 얻을 땅이 매우 많이 남아 있도다.

은퇴 준비를 하라는 하나님의 말씀입니다. 그리고 13장부터 24장까지, 즉 여호수아서의 절반이 다음 세대를 위한 여호수아의 은퇴 준비 과정을 다룹니다.

여호수아 때 이스라엘은 가나안 땅을 정복하는 것이 지상 과제였습니다. 여호수아가 총사령관일 때는 여호수아를 중심으로 모든 일이 이루어졌지만 이제 은퇴하면 12지파가 각각 살 땅을 정복해 가야 합니다. 이미 정복한 땅도 많지만 아직 정복하지 못한 땅도 많습니다. 여호수아 없이, 군대의 규모가 1/12로 줄어든 상태로 전쟁을 해 나가야 한다니, 이 상황을 각 지파가 어떻게 받아들이겠습니까?

실제로 땅을 분배하면서부터 문제가 불거집니다. 요셉 지파(에브라임과 므낫세 1/2)가 자신들이 분배받은 땅이 너무 작고 맞서 싸워야 할 적은 너무 강하다고 불만을 토로합니다. 17:14, 16 이것은 요셉 지파만의 불만은 아니었을 것입니다. '남의 떡이 커 보인다.'는 속담처럼, 가나안 땅에는 어딜 가나 막강한 적이 있기 때문에 지파마다 자기가 싸워야 할 적이 가장 강해 보였을 것입니다.

게다가 이스라엘은 유목 민족인데 가나안 땅에 정착하면 농경사회를 이루고 살아야 합니다. 농사라고는 한 번도 지어 보지 않은 백성이 농사를 짓고 살아야 합니다. 이와 관련해서 다가올 영적, 현실적 문제 또한 만만치 않습니다. 가나안 땅은 우상숭배와 농경문화가 얽혀 있는 땅이기에, 그 땅에 정착하려면 농사를 배움과 더불어 우상숭배의 유혹을 받을 수밖에 없기 때문입니다.

여기서도 시스템이 중요합니다. 여호수아서에는 이런 문제를 해결할 만한 조직적인 준비를 갖추는 모습이 별로 보이지 않습니다. 여호수아가 집중했던 것은 백성들의 영적 시스템입니다. 문제가 생겼을 때, 백성들의 마음이 어느 쪽으로 움직이는지를 결정하는 영적인 시스템은 그 어떤 것보다 중요합니다.

그래서 여호수아는 당부 또 당부에 비장한 말까지 덧붙입니다.

만일 여호와를 섬기는 것이 너희에게 좋지 않게 보이거든 너희 조상들이 강 저쪽에서 섬기던 신들이든지 또는 너희가 거주하는 땅에 있는 아모리 족속의 신들이든지 너희가 섬길 자를 오늘 택하라 오직 나와 내 집은 여호와를 섬기겠노라. 수 24:15

여호수아가 이렇게 애써서 세운 시스템은 눈에 보이는 조직이 아니라 마음속에 있는 은혜의 시스템이었습니다. 다윗도 그러했듯이, 여호수아도 적을 정복해 나갈 수 있는 치밀한 조직이 아니라 온 백성의 마음에 은혜의 시스템을 가득 채우기 원했던 것입니다. 위에 인용한 여호수아 24장 15절이 바로 이 은혜의 시스템을 보여 줍니다.

'나는 하나님으로부터 비할 데 없는 은혜를 입었습니다. 그러니 당신들이 다 떠난다 하더라도, 그래서 내 노력이 아무런 보상을 받지 못한다 하더라도, 하나님께 나의 최선을 드리는 것으로 충분합니다.'

여호수아의 단짝인 갈렙은 이런 은혜의 시스템을 잘 보여 주는 예입니다. 갈렙은 여호수아 14장에서 매우 인상적인 모습을 보여줍니다. 백성들이 모여서 자기가 정복해야 할 땅을 분배받는 시점이었습니다. 누구나 다 만만한 적이 있는 곳을 바라지 않겠습니까? 그러나 이때, 민족의 최고 원로인 갈렙이 나서서 가장 강한 적이 사는 땅을 자기에게 맡겨 달라고 청합니다. 사실 갈렙처럼 많은 공을 세운 사람이라면, 제비뽑기를 하지 않고 가장 살기 좋은 땅을 그냥 차지한다 해도 시비 걸 사람이 없었을 것입니다. 그러나 갈렙은 그런 '기브 앤 테이크' 시스템에 머물려 하지 않았습니다. 하나님께 받은 은혜를 깊이 간직하는 은혜의 시스템이 있기에, 자신이 세운 공 give에 대한 대가 take를 요구하지 않고, 자신의 최선을 더 내어놓겠다고 한 것입니다.

예수님이 주신 '은혜의 시스템'

예수님이 이 땅에 전해 주신 것도 바로 이 은혜의 시스템입니다. 예수님은 이 땅의 인간에게 아무 조건 없이 구원의 선물을 주셨습니다. 하나님의 아들로서 이 땅에 내려오실 필요도 없는데, 받는 것도 없이 그냥 이 땅에 오셨습니다. 그것이 은혜입니다. 그리고 비난받고 조롱받으며 십자가에서 죽으셨습니다. 즉, 십자가는 은혜의 정점입니다. 예수님은 이 땅의 사람들을 바로 이 은혜의 시스템으로 초청하십니다.

수고하고 무거운 짐 진 자들아 다 내게로 오라 내가 너희를 쉬게 하리라 나는 마음이 온유하고 겸손하니 나의 멍에를 메고 내게 배우라 그리하면 너희 마음이 쉼을 얻으리니 이는 내 멍에는 쉽고 내 짐은 가벼움이라. 마 11:28-30

무거운 짐 진 사람들을 불러서 쉬게 해주겠다고 해 놓고, 예수님의 멍에를 새로 메라고 합니다. 이 멍에는 예수님의 가르침인데, 객관적으로 보아서는 결코 가볍지 않습니다. 예를 들면, 오른편 뺨을 맞으면 왼편 뺨을 돌려대고, 겉옷을 달라고 하면 속옷까지 주어야 합니다. 마 5:39-40 이것이 어찌 가볍게 실천할 수 있는 일이겠습니까?

그 짐을 가볍게 여기는 것은 오직 은혜의 시스템 안에서만 가능합니다. 은혜가 아니라 기브 앤 테이크 시스템 안에 있으면 수고하고 무거운 짐을 지고 살게 됩니다. 받으면 내놓아야 하고, 내놓으면 받아야 합니다. 내놓았는데 못 받으면 스트레스를 받고, 무엇인가 받은 것이 있으면 마음에 부담이 됩니다. 하나님의 백성으로 인정받기 위해서는 율법의 세밀한 규정을 다 지켜야 하는 무거운 짐을 져야만 합니다.

그러나 예수님께 오면 새로운 삶의 시스템, 곧 은혜의 시스템으로 진입합니다. 거기에는 영혼의 쉼이 있습니다. 갚아야 한다는 부담 없이, 예수님이 주시는 은혜를 마음껏 받으면 됩니다. 그리고 돌려받겠다는 욕심 없이 마음껏 베풀면 됩니다.

사실 제자들은 이 은혜의 시스템으로 얼른 진입하지 못했습니다.

헌신의 대가를 확인하려 했기 때문입니다.

> 이에 베드로가 대답하여 이르되 보소서 우리가 모든 것을 버리고 주를 따랐사온대 그런즉 우리가 무엇을 얻으리이까. 마 19:27

예수님의 제자가 되었다는 것 자체가 이미 더할 수 없이 큰 축복인데, 제자됨을 '은혜 받음'이 아닌 '내어놓음' give으로 여기고 있습니다. 그리고 그 내어놓음에 대한 대가 take를 기대합니다.

그래서 제자들은 예수님의 죽음으로 대가에 대한 기대가 무너지자 다 도망가 버립니다. 그런 제자들을 부활하신 예수님이 다시 부르십니다. 배신한 제자들에게 분노하거나 앙갚음하지 않고 무조건 은혜를 베풀어 주신 것입니다. 그리고 성령을 주십니다. 이렇게 예수님은 끊임없이 제자들을 은혜의 시스템 안으로 초청하셨습니다.

> 그런즉 한 사람이 심고 다른 사람이 거둔다 하는 말이 옳도다 내가 너희로 노력하지 아니한 것을 거두러 보내었노니 다른 사람들은 노력하였고 너희는 그들이 노력한 것에 참여하였느니라. 요 4:37-38

이것은 은혜의 시스템 안에 있는 제자 공동체를 말합니다. 자기가 심었다고 해서 꼭 자기가 거두려 하지 않고, 자기가 거두는 것은 앞에서 씨 뿌린 사람이 있기에 거두는 것이라고 생각합니다. 그러니 자기가 거둔 것에 대해 자랑하지 않고, 자기가 뿌린 것에 대해 보상을 요구하지도 않습니다. 이 은혜의 공동체가 가능한 것은 예수님이 제자들에게 한없는 은혜를 먼저 부어 주셨기 때문입니다. 모든 은혜의 시스템에는 은혜가 시작되는 자리가 있습니다. 주님이 처음 그 은혜를 부어 주셨으니, 제자들 또한 은혜의 시발점이 되라고 주님은 말씀하십니다.

공동체에 은혜의 시스템을 심어라

탁월한 지도자는 바로 은혜의 시스템을 공동체 안에 심는 사람입니다. 그러나 우리가 속한 공동체에서는 단기간의 효과를 거두기 위해 은혜가 아니라 경쟁 시스템을 심는 경우가 참 많습니다. 경쟁 시스템은 조직을 효율적으로 운영하게 할지는 모르지만, 그 안에는 감동이 없습니다. 감동이 있으면 지치지 않지만, 감동 없이 열심히 일만 하다 보면 언젠가는 지칩니다. 그래서 열심히 일하다가 어느 순간 '탈진했다' 며 떠나 버리는 경우가 적지 않습니다. 공동체 안에 은혜의 시스템이 없으니, 일하면 대가를 받아야 하는 것입니다. 칭찬이나 인정이나 승진 같은 대가를 받아야 하는데, 그 대가가 충분하지 않다고 생각할 때 지치게 됩니다.

따라서 다음 세대를 준비하는 지도자는 자신이 지도자로 있을 때 어떤 성과를 내겠다는 욕심을 버리고, 조직 안에 건강한 은혜의 시스템을 심는 사람입니다. 내가 심은 것을 다른 사람이 거둘 것을 기대하는 사람이 바로 진정한 지도자입니다. 그는 이 세상에서 눈에 띄는 업적을 이룬 사람으로 기록되지 않을지는 모르지만, 경쟁 시스템을 심어 단기간에 큰 성과를 내는 지도자보다 하나님 나라의 확장에 더 크게 기여하는 진정한 지도자입니다.

우리가 속한 공동체를 돌아봅시다. 어떤 공동체에 들어가면 탈진했다가도 에너지를 얻어 나옵니다. 특별히 눈에 보이는 보상을 받는 것도 아닌데 그렇습니다. 반면에 어떤 공동체에 들어가면 딱히 빼앗기는 것도 없는데 지쳐 버립니다. 교회도 그렇고 가정도 그렇습니다. 에너지를 충전해 주는 교회와 가정이 있는 반면에, 에너지를 빼앗아 가는 교회와 가정도 있습니다. 무슨 차이일까요? 수많은 공동체를 한 가지 잣대로 잴 수는 없습니다. 그러나 잘 살펴보십시오. 가장 중요한 차이는 은혜의 시스템이 있는 공동체인가 아닌가 하는 것입니다.

우리는 타락한 인간이기에, 무심코 있다 보면 어느 순간 마음에서 은혜가 사라집니다. 내가 해준 만큼 못 받은 것이 생각나고, 원망스럽고, 나보다 덜 노력하면서 많이 받는 사람을 질투하기 시작합니다. 이런 마음의 움직임을 멈추고 은혜의 마음을 품는 일은 내 힘으로 되는 것이 아닙니다. 그래서 주님이 십자가를 지셨고, 성령이 우리 마음에 오셨습니다. 우리가 할 수 있는 가장 큰 일은 주님을 향해 내 마음을 열고, 내 악함과 약함을 고백하며, 그분의 능력을 입는 일입니다. 그러면 세상의 무엇보다도 강한 능력을 발휘할 것입니다.

공동체의 지도자뿐 아니라 부모로서 자녀를 위해 물려줄 수 있는 것도 바로 이 시스템입니다. 내 가정에 은혜의 시스템을 심을 때, 이 세상을 변화시키는 사람이 내 가정 안에서 나올 것입니다.

••• 역대상 한눈에 보기

역대상 23–27장

22장

21장에는 다윗의 잘못으로 7만 명이나 되는 백성이 전염병으로 죽는 사건이 나옵니다. 그 직후 다윗의 입에서 나온 첫 마디가 바로 이것입니다. "이는 여호와 하나님의 성전이요 이는 이스라엘의 번제단이라." 무슨 뜻일까요? "이곳은 전심을 다해 예배할 자리다." 라는 뜻입니다. 이때는 모두가 힘겨워하고 마음이 어지러울 때였습니다. 그런데 그 어려운 순간에 다윗은 상황에 얽매이지 않고 눈을 하나님께 옮깁니다. 어려움이 닥칠 땐 하나님이 어떤 길로 인도하실지 기대하며 앞을 향해 마음을 모아야 합니다. 그것이 어려움을 신속하고 정확하게 이겨내는 비결입니다.

23–27장

하나님을 향해 초점을 맞춘 다윗은 이제 하나님의 성전을 건축할 물자를 준비하면서 아들 솔로몬을 부릅니다. 그리고 솔로몬에게 마지막 말을 남깁니다. 그 말을 요약하면 이렇습니다. "솔로몬아, 너는 하나님이 세운 약속의 사람이고 사명의 사람이다." 다른 말로 하면, "너는 하나님의 기가 막힌 은혜를 입은 놀라운 사람이다." 라는 말입니다. 솔로몬은 하나님이 예비하신 약속의 길을 따라가기만 하면 됩니다. 즉, 다윗은 솔로몬의 마음에 하나님으로부터 오는 은혜의 시스템을 심어 주었습니다.

그 다음에 다윗이 한 일이 레위인들을 중심으로 한 은혜의 시스템을 구성하는 것입니다. 이는 솔로몬이 하나님의 약속을 이루어 가기 위한 가장 중요한 일입니다. 레위인들의 조직이 23장부터 26장, 그리고 이스라엘 지파와 가문 대표자들의 조직이 27장에 나옵니다.

28장

다윗은 다시 한번 성전 건축을 독려합니다. 성전 건축을 위해 많은 재료를 준비하고 설계도까지 전해 줍니다.28:11, 19 성전은 예배의 자리, 하나님을 만나는 자리, 하나님께 초점을 맞추는 자리입니다. 그러니까 이 자리는 이스라엘이 스스로의 힘으로 살아가는 것이 아니라 하나님의 능력으로 살아가는 민족, 은혜의 민족임을 고백하는 자리입니다.

29장

역대상에 나오는 다윗의 마지막 기록은 하나님 앞에 예물과 더불어 드리는 '기도'입니다. 이 기도를 한마디로 요약하면 이렇습니다. "나와 아들과 이 백성은 하나님으로부터 감당 못할 복을 받은 자들입니다." 기도의 어디에도 기브 앤 테이크의 개념은 없습니다. 은혜만 가득합니다. 이들은 하나님께 일방적으로 선택받고 복을 받았으니 즐거운 마음으로 힘을 다해 드리는 사람들, 은혜의 시스템 안에 온전히 거하는 사람들입니다.

PRAYER
기도

하나님,

은혜의 공동체를 예비하고 물려주는 다윗을 보며 많은 생각을 했습니다.

내어놓은 만큼 못 받았다고 불평하는 나를 돌아보며,

정말 제 안에는 은혜가 없음을 새삼 깨닫습니다.

눈에 보이는 성공은 욕심냈지만,

은혜의 시스템을 심는 사람은 아니었습니다.

내 자녀에게 물질과 학벌을 주고 싶은 마음은 가득했지만

은혜의 시스템을 이 세상에 심는 자녀가 되기를 바라지 않았습니다.

주님의 십자가를 다시 바라보기 원합니다.

아무것도 받은 것 없이 오직 자기 몸을 주신 주님,

감히 주님의 십자가의 능력을 입기 원합니다.

얄팍하고 계산만 하는 저이지만,

주님의 십자가 능력으로 새로워지기를 구합니다.

함께해 주옵소서.

수고하고 무거운 짐 진 자들아 다 내게로 오라 내가 너희를 쉬게 하리라 나는 마음이 온유하고 겸손하니 나의 멍에를 메고 내게 배우라 그리하면 너희 마음이 쉼을 얻으리니 이는 내 멍에는 쉽고 내 짐은 가벼움이라. 마 11:28-30

두번째
이야기

역대하

드리는 복을 받은 자 · 버릴 줄 아는 자
존귀에 처할 줄 아는 자 · 열린 마음으로 듣는 자 · 말씀의 능력을 아는 자
거슬러 올라가는 자 · 선한 영향력을 끼치는 자
두드리는 자 · 애통하는 자

드리는 복을 받은 자

솔로몬이 왕위에 오른 지 4년 되던 해입니다. 대하 3:2 솔로몬은 성전과 궁궐 건축을 결심하고, 먼저 건축 재료를 조달하기 위한 인부들을 모았습니다. 건축 현장에서 일할 사람들이 아니라 돌을 떠내어 나를 사람과 그것을 감독할 사람들만 153,600명이었습니다. 그리고 솔로몬은 두로 왕 후람에게 사절을 보내 원조를 요청합니다. 요청한 내용을 요약하면 이렇습니다. 대하 2:7-9 금은 세공과 직물 공예에 익숙한 장인 한 사람, 벌목을 도와줄 사람들, 그리고 벌목하여 얻게 될 목재.

아버지 다윗이 그토록 간절히 바랐던 성전 건축이 본격적으로 시작되는 부분입니다. 성전 건축은 실로 대단한 사업입니다. 게다가 솔로몬은 연이어 자신의 왕궁까지 건축하려 합니다. 이 두 건축에 걸린 기간이 무려 20년입니다. 대하 8:1 공사 기간을 예측하지는 못했겠지만, 하여튼 공사 규모가 국력의 많은 부분을 기울여야 할 정도였다는 것은 분명했을 것입니다.

이렇게 큰 일을 시작하려면 준비가 철저해야 합니다. 역대하 2장은 바로 그 준비 과정을 기록한 장입니다. 과연 지혜의 왕 솔로몬은 무엇을 어떻게 준비했을까요?

◎ 솔로몬이 여호와의 이름을 위하여 성전을 건축하고 자기 왕위를 위하여 궁궐 건축하기를 결심하니라 솔로몬이 이에 짐꾼 칠만 명과 산에서 돌을 떠낼 자 팔만 명과 일을 감독할 자 삼천육백 명을 뽑고 솔로몬이 사절을 두로 왕 후람에게 보내어 이르되 당신이 전에 내 아버지 다윗에게 백향목을 보내어 그가 거주하실 궁궐을 건축하게 한 것같이 내게도 그리 하소서. 대하 2:1-3

성전 건축에 숨겨진 영적 오류

역대하는 솔로몬에 관한 기록의 대부분을 성전 건축에 할애합니다. 열왕기상과 비교한다면, 열왕기상은 그 부분이 총 11장 중에서 4장인데 5-8장 역대하는 9장 중에 6장이나 됩니다. 역대하가 기록된 시기가 무너진 성전을 다시 지은 때였으니까, 이 부분에 이만큼 집중하는 것은 사실 당연한 일입니다. 그러니 기록이 더욱 세밀하고 정확할 것입니다.

먼저 역대하의 성전 건축에 관한 말씀 전체의 분위기를 보면, 솔로몬은 철저하고 아름답게 성전을 건축했고 하나님은 이 성전을 기쁘게 받으신 것을 알 수 있습니다. 그럼에도 솔로몬의 성전 건축에는 문제가 적지 않았던 것이 사실입니다. 솔로몬은 말년에 이방 여인들을 왕비로 맞이하고 우상숭배를 허락하면서 타락하게 되는데, 그 타락의 싹이 여기서부터 보인다 해도 과언이 아닙니다. 솔로몬이 성전을 건축하면서 생긴 문제들을 함께 살펴보겠습니다.

먼저 '내가 솔로몬이었다면 무엇부터 했을까?' 보다는 '이스라엘 왕의 표준인 다윗이 성전 건축을 시작한다면 어떻게 했을까?' 를 묻는 것이 더 좋겠습니다. 다윗이라면 무엇부터 했을까요?

당연히 예배부터 드렸을 것입니다. 다윗은 법궤를 옮겨올 때 치밀한 조직을 갖추어 전심으로 예배를 드렸습니다. 솔로몬에게 나라를 물려줄 준비를 하면서, 무엇보다도 먼저 예배와 성전을 담당하는 이들의 조직을 '은혜의 조직' 으로 구성하는 데 전력을 다했던 다윗입니다. 그러니 성전 건축을 시작한다면 또 얼마나 정성 들여 예배드렸겠습니까? 하나님 앞에서 마음을 가다듬고 온 백성의 믿음을 새로이 하는 것, 이것이야말로 성전 건축을 위한 최선의 준비일 것입니다.

그런데 솔로몬이 가장 먼저 준비하는 것은 위 본문에서 본 대로 공사를 위한 일꾼입니다. 물론 15만 명이라는 인원을 확보하는 것이 쉬운 일이 아니니, 솔로몬이 이것부터 신경 쓴 것도 이해할 만합니다. 그러나 큰 일일수록, 사람과 물질의 준비가 많이 필요한 일일수록 먼저 영적인 준비를 해야 합니다. 하나님 앞에 맡기고 준비해야 합니다. 그러나 솔로몬은 예배보다 일꾼을 먼저 준비하고 있습니다.

　영적인 준비는 다윗이 했으니 솔로몬은 일을 추진하면 되는 것일까요? 아닙니다. 이때는 솔로몬 통치가 시작된 지 이미 4년이나 지난 때입니다. 다윗이 그토록 잘 구성한 성전 예배와 봉사가 이제는 모두에게 익숙한 일상이 되었을 때입니다. 성전 건축은 건축이기 전에 신앙입니다. 그러니 그 신앙을 함께 확인하고 새로이 해야 합니다.

　혹, 솔로몬이 영적인 준비를 먼저 했는데 성경에서 생략한 것은 아닐까요? 그럴 가능성은 거의 없습니다. 왜냐하면 성경은 중요한 일을 자세히, 반복해서 기록하기 때문입니다. 솔로몬이 일꾼 준비에 우선순위를 두었으니까 성경은 그것을 가장 먼저, 그리고 두 번이나 2장 2절과 17-18절 반복해서 기록한 것입니다. 역대하에서 예배에 관한 기록은 성전이 완공된 다음에야 나옵니다. 대하 8:12-15 그리고 그 주된 내용은 다윗이 정한 바를 어기지 않았다는 것입니다. 솔로몬은 예배에 있어서는 최소한도로 지킬 것을 성실히 지킨 왕이었다고 할 수 있겠습니다.

함께 누리지 못하는 복은 복이 아니다

　솔로몬 성전 건축의 두 번째 문제점은 153,600명의 일꾼들이 모두 이방인이었다는 것입니다. 이방인 일꾼들을 모은 일은 다윗 때부터니까 대상 22:2 솔로몬이 이방인 일꾼을 새삼스럽게 소집한 것은 아닙니다. 돌을 캐는 일에 이방인 일꾼들을 동원하는 것은 당연합니다. 그러나 당시 성전이 이스라엘 신앙의 중심이었던 만큼, 솔로몬은 이스라엘 백성들에게 성전 건축을 위한 헌신을 독려했어야 마땅합니다.

물론 이스라엘은 그 땅을 정복할 때부터 원주민들을 종으로 삼아 부렸으니 삿 1:28, 왕상 9:20-21 성전 건축에도 이들을 활용한 것이 당연합니다. 그러나 성전을 위한 일이라면 믿음의 사람들의 손이, 그 정성이 조금이라도 더 가도록 해야 합니다. 그런데 오히려 솔로몬은 되도록 이스라엘 사람들을 성전 건축이라는 힘든 일에서 제외시키려 했던 것으로 보입니다. 왕상 9:9

사실 열왕기상 말씀에 의하면, 이스라엘 백성 3만 명도 3개 조로 나뉘어 레바논에서 벌목 작업을 했습니다. 왕상 5:13-14 그러나 역대하 말씀은 그마저도 기록에서 생략합니다. 아마도 이방인 일꾼들이 담당한 몫이 절대적으로 많았기 때문일 것입니다.

솔로몬은 왜 이렇게 이스라엘 백성들을 성전 건축에서 제외시키려 했을까요? 첫째, 이스라엘 백성을 사랑했기 때문에 험한 일을 시키지 않았을 수 있습니다. 둘째, 큰 공사에 오래 동원될 경우 생길 수 있는 불만을 예방하기 위해서일 수 있습니다. 셋째, 이미 노예가 되어 있는 이방인들을 동원하여 일을 시키기가 더 쉬웠기 때문일 수 있습니다. 혹은 세 가지 다였을 수도 있습니다. 이 세 가지 이유들의 공통점은 모두 인간적인 계산에서 나왔다는 것입니다. 솔로몬은 지혜의 왕이었으므로 이런 모든 것을 종합하여 치밀하게 생각했을 것입니다.

그러나 백성을 행복하게 하려면 일을 시키지 않을 것이 아니라 영적으로 깨어서 기쁘게, 자발적으로 성전을 위해 물질과 노력을 드리도록 인도했어야 합니다. 하나님 앞에 드리는 것은 헌신이기에 앞서 복입니다. 아무나 하나님 앞에 드릴 수 있는 것이 아니기 때문입니다. 하나님 앞에 물질과 시간과 노동력을 드릴 수 있다면, 그것이 바로 기쁨이고 복입니다. '하나님께 드리면 더 큰 것으로 받기 때문'이 아니라, '내가 하나님 앞에 드리는 사람이 되었다, 그 정도로 하나님과의 관계가 돈독해졌다'는 사실 자체가 복인 것입니다.

그렇지 않았을 때 결과는 이러합니다.

왕의 아버지께서 우리의 멍에를 무겁게 하였으나 왕은 이제 왕의 아버지께서 우리에게 시킨 고역과 메운 무거운 멍에를 가볍게 하소서 그리하시면 우리가 왕을 섬기겠나이다. 대하 10:4

솔로몬의 아들 르호보암이 왕이 될 때 백성들이 와서 한 말입니다. 솔로몬은 세금은 많이 걷었을지 모르지만 백성들에게 되도록 힘든 일을 시키지 않았는데, 백성은 '솔로몬이 고역을 시켰다.'고 합니다.

이에 비해 다윗 때에 백성들은 마음에서 우러나오는 자발적인 기쁨으로 하나님께 드렸습니다.

백성들은 자원하여 드렸으므로 기뻐하였으니 곧 그들이 성심으로 여호

와께 자원하여 드렸으므로 다윗왕도 심히 기뻐하니라. 대상 29:9

그러므로 왕은 백성들이 하나님께 힘써 드리도록 이끌어야 합니다. 백성을 진정으로 아끼려면 백성들로 하여금 덜 내놓게 하는 것이 아니라 하나님을 위해 더 내놓도록 해야 합니다. 왕 자신을 위한 세금이라면 덜 내놓게 해야 하지만 하나님을 위해서는 기쁘게 드림으로써 '드리는 복을 받는 자'가 되게 해야 합니다.

역대하 2장에는 또 하나의 문제가 나오는데, 그것은 금속공예와 직물공예와 조각에 능한 기술자를 구하는 일입니다. 문제는 솔로몬이 그 기술자를 두로 왕에게 보내 달라고 요청했다는 점입니다. 요행히 두로 왕이 보낸 기술자는 이스라엘 혈통이었습니다. 그러나 이 요행이 아니었다면 신앙 없는 두로의 기술자가 성전의 가장 중요한 부분들을 디자인했을지도 모릅니다.

물론 성전을 아름답게 짓는 것도 중요합니다. 그러나 아무리 아름답다 해도 천지를 지으신 하나님 수준에까지 이르겠습니까? 그렇다면 다윗 때부터 준비된 이스라엘의 기술자들이 있으니, 하나님의 도우심을 간구하면서 그들의 신앙을 북돋워서 실력 이상을 발휘하도록 하는 것이 더 좋지 않았을까요? 그러나 솔로몬은 외교적인 수완을 발휘해 두로 왕에게 사람을 요청합니다. 이스라엘의 기술자들이 하나님께 더 힘써 드리도록 인도하지 않고 인간적인 계산으로 그 자리를 채운 것입니다.

이런 준비상의 오류들이 있었지만, 성전은 아름답게 지어졌고 하나님은 기쁘게 받으셨습니다. 솔로몬이 인간적인 계산을 하긴 했지만 그래도 정성을 기울였고, 또 성전 건축을 위해 기도하며 참여한 이스라엘 사람들이 있었기에 하나님이 받으실 만한 성전이 된 것입니다. 솔로몬 자신은 하나님께 아름다운 성전을 지어 드리는 복을 받았습니다. 그러나 안타깝게도 온 백성이 함께 그 복을 충분히 누리지는 못했습니다.

하나님께 드릴 줄 알았던 솔로몬

앞서 살펴본 대로 솔로몬의 성전 건축에 몇 가지 부족한 점이 있었음에도 솔로몬에게 가장 잘 어울리는 말은 '드리는 복을 받은 사람'이라는 것입니다.

여러 문제점들 가운데서도 솔로몬의 성전 건축은 순조롭게 진행되었습니다. 솔로몬에게 문제가 있었다고 해서 그가 행한 모든 일들의 의미가 없어지는 것은 아닙니다. 인간이 하는 일 중에 100% 잘하는 일과 100% 잘못하는 일은 드물 것입니다. 모든 일에는 양면성이 있습니다. 그 양면성을 함께 볼 줄 알아야 합니다. 그러면 잘못이 있는 사람의 업적도 분명히 인정할 수 있습니다.

솔로몬은 성전을 당대 최상의 재료와 최고의 정성을 다해 건축했습니다. 재료 자체보다도 어떻게든 더 좋은 것으로 드리려고 하는 이 정성이 중요합니다. 솔로몬은 마음과 정성을 다해 하나님의 성전을 지으면서 놀라운 은혜를 경험했을 것입니다. 또 그렇게 지은 성전에 하나님이 임재하셨을 때의 감동은 이루 말할 수 없었을 것입니다.

솔로몬의 성전에 하나님이 임재하셨다는 기록은 역대하의 저자와 첫 독자들에게 어떤 의미가 있었을까요? 그들이 포로생활 이후 고향에 돌아와 새로 지은 성전의 외형은 솔로몬의 첫 성전에 비하면 참 초라했습니다. 그 새 성전과 더불어 살아가는 그들에게 솔로몬의 이 첫 성전은 무엇이었을까요? 그저 화려했던 과거에 대한 회상이었을까요? 그때는 대단했는데 지금은 이것밖에 안 된다는 자괴감이었을까요? 그렇지 않습니다. 성숙한 신앙은 사물의 외형보다 중심을 봅니다. 역대하의 저자와 독자들은 성전의 외형적인 아름다움이 아니라 그 속에 담긴 정성을 보았을 것입니다. 사실 솔로몬은 성전을 온전케 하기 위해 모든 지혜를 쏟아 부었습니다. 역대하의 말씀은 하나님 앞에 드리는 마음과 정성을 기억하자는 것이 주된 내용입니다.

역대하의 독자들은 하나님 앞에 예물을 드리고 싶어도 드릴 수 없는 포로생활을 경험했습니다. 하나님 앞에 나아가고 싶어도 자유롭게 나아갈 수 없는 시간을 경험했습니다. 그 경험 위에서 보면, 이렇게 하나님 앞에 드릴 수 있다는 것은 아무나 누릴 수 없는 복입니다. 사실 하나님은 그런 예물이 필요하신 분이 아닙니다. 온 천지의 주인이시니까요. 그런 하나님이, 하나님 수준에서는 보잘것없는 그 예물을 기쁘게 받으시니 드리는 사람에게는 참으로 큰 복인 것입니다.

대가를 바라지 않는 헌신

앞에서 백성을 복되게 하는 길은 하나님을 위해 헌신하게 하는 것이라고 했습니다. 그리고 그렇게 드리기를 힘쓰는 사람은 주변에까지 선한 영향력을 미칩니다.

드보라라는 여인이 있습니다. 드보라는 이스라엘 백성을 이끌고 당시 이스라엘을 괴롭히던 가나안 왕 야빈의 군대와 싸워 이겨서 이스라엘을 구해낸 여자 사사(재판관, 지도자)입니다. 드보라는 전쟁에서 승리한 후 이런 노래를 부릅니다.

> 아낫의 아들 삼갈의 날에 또는 야엘의 날에는 대로가 비었고 길의 행인들은 오솔길로 다녔도다 이스라엘에는 마을 사람들이 그쳤으니 나 드보라가 일어나 이스라엘의 어머니가 되기까지 그쳤도다. 삿 5:6-7

이스라엘의 '대로'는 비었고 행인들은 '오솔길'로 다녔습니다. 왜일까요? 그들을 수탈하는 가나안 왕과 군대가 두려워서입니다. 그래서 아무도 지도자로 나서지 않습니다. 그렇게 20년의 세월이 지났을 때 드보라가 이스라엘의 지도자로 나섰습니다. 여인의 몸으로 앞에 나선

다는 것은 결코 쉬운 일이 아니었습니다. 그랬더니 어떤 일이 일어났습니까?

> 무리가 새 신들을 택하였으므로 그때에 전쟁이 성문에 이르렀으나 이스라엘의 사만 명 중에 방패와 창이 보였던가 내 마음이 이스라엘의 방백을 사모함은 그들이 백성 중에서 즐거이 헌신하였음이니 여호와를 찬송하라. 삿 5:8-9

이스라엘은 우상숭배(새 신) 때문에 어려움에 처했습니다. 그리고 이제 전쟁의 때가 이르렀습니다. 그런데 전쟁하러 모인 이스라엘 군대에게는 방패와 창이 없었습니다. 당시 이스라엘은 철기 문명을 접하지 못해 스스로 방패와 창을 만들 수 있는 능력이 없었기 때문입니다. 반면에 상대는 철로 만든 병거가 900대나 있었습니다. 이스라엘이 이길 수 있을까요? 가능성은 거의 0%입니다.

드보라가 깃발을 들었더니 40,000명이나 되는 이스라엘 백성들이 전쟁에 참여하겠다고 왔습니다. 방패도 창도 없이 말입니다. 이건 전쟁하다가 그냥 죽겠다는 말입니다. 그러니 드보라의 마음이 벅차오를 수밖에요. "내 마음이 이스라엘 방백을 사모함은." 이것이 바로 그 말입니다.

그 다음에는 드보라가 그렇게 가슴 벅차하는 까닭이 나옵니다. "그들이 백성 중에서 즐거이 헌신하였음이니 여호와를 찬송하라." 그들은 즐거이 헌신했습니다. 다른 이유는 없었습니다. 하나님 앞에 자신을 드리는 것으로 충분했기 때문입니다. 그 다음에 대가가 주어지지 않아도 상관없습니다. 하나님을 위해, 하나님의 백성 이스라엘을 위해 자신을 헌신하면서 즐거워합니다. 드리는 복을 충만하게 받는 모습입니다. 드리는 것 자체가 복이 아니라면, 이길 가능성도 없는 전쟁에 참여하면서 어찌 즐거워하겠습니까? 그 감동이 노래 중에 한 번 더 나옵니다.

> 이스라엘의 영솔자들이 영솔하였고 백성이 즐거이 헌신하였으니 여호와를 찬송하라. 삿 5:2

먼저 드보라가 목숨 걸고 이스라엘의 지도자로 헌신했습니다. 그러자 그 영향력이 백성 가운데로 퍼져 무려 40,000명이나 되는 사람들이 헌신하겠다고 나섰습니다. 그리고 그렇게 자신을 드리겠다는 사람들이 목숨 걸고 전쟁에 나섰을 때 하나님이 이기게 하셨습니다. 그러나 여기서 승리는 부록일 뿐입니다. 이 말씀의 핵심은 20년이나 하나님 앞에 헌신하던 사람이 없었던 이스라엘에서 그 많은 사람들이 즐거이 헌신했다는 것, 드리는 복을 받는 사람이 되었다는 것입니다.

담대하게 드리는 사람에게 임하는 축복

예수님이 말씀하신 천국에 관한 비유 중 '포도원 품꾼의 비유'가 있습니다.마 20:1-16 한 포도원 주인이 이른 아침 장터에 나가 품꾼들을 불러 포도원에 들여보내면서 삯으로 한 데나리온을 약속합니다. 그 주인은 오전 9시, 12시, 오후 3시, 그리고 오후 5시에도 장터에 나가 품꾼들을 부릅니다. 날이 저물고, 오후 5시에 와서 일한 사람부터 품삯을 받습니다. 한 데나리온! 이것을 본 먼저 온 품꾼들은 자신들은 더 받으리라 잔뜩 기대했습니다. 그런데 주인은 애초에 약속한 한 데나리온씩만 주었습니다. 이에 이들이 불평하자, 주인은 "똑같이 주는 것이 내 뜻이다." 라고 딱 잘라 말합니다. 그리고 말씀은 이렇게 마무리됩니다.

이와 같이 나중 된 자로서 먼저 되고 먼저 된 자로서 나중 되리라.

이 비유를 어떻게 해석할까요? 일단, 한 데나리온을 받았다는 것은 천국에 들어갔다는 것을 의미합니다. 먼저 온 사람이란 일찍부터 예수님을 믿고 예수님을 위해 많은 일을 한 사람을 말합니다. 그런데 그런 사람도 예수님을 위해서 별로 일하지 않은 사람보다 더 받지 못합니다. 그 까닭은, 천국은 하나님과 함께하는 완전한 상태를 의미하므로 그 위에 더할 것이 없기 때문입니다. 즉, 천국 백성이라는 한 가지 사실만으로도 족한 것입니다.

'드리는 것이 복' 입니다. 먼저 온 사람은 주인을 위해 더 수고하는 복을 받았습니다. 수고한 다음에 보상을 받는 것이 복이 아니라 수고하는 것 자체가 복입니다. 모아들이는 복이 아니라 드리는 복을 향해 눈을 여는 것, 이것이 바로 천국 백성의 표징입니다.

우리는 때로 하나님 앞에 무엇을 드리면 그 대가로 세상에서 하는 일이 남들보다 더 잘 풀릴 거라고 기대합니다. 사실 이것은 기대할 만한 일이기도 합니다. 하나님 앞에 드리는 사람이 세상에서도 잘 풀리는 경우가 참 많지요. 그것도 하나님이 주시는 것입니다. 그러나 이는 우리 인생의 덤일 뿐입니다. 그런 것이 복의 전부라면, 하나님 앞에 온전히 헌신하면서 순교한 사람들은 어떻게 받아들여야 합니까? 그 사람들은 어떤 복을 받았습니까?

순교한 사람들이 받은 복, 그것은 '드리는 복' 입니다. 하나님 앞에 자기 목숨까지 드리는 복입니다. 칼빈주의 교리 중 하나가 '전적 타락' Total Depravity인데, 말 그대로 우리는 생각에서부터 행동까지 완전히 타락한 존재입니다. 될 수 있으면 많은 것을 내게로 모아들이고자 하는 것도 그 타락의 결과입니다. 범죄를 저질러 가며 모아들이지는 않더라도, 모아들이는 것이 복이라 생각하여 이 땅의 유한한 자원을 모아들이는 데 힘을 쓴다면, 아직 이 땅을 지배하고 있는 사탄의 물신주의 mamonism에 굴복하는 것과 다름없습니다.

사탄이 지배하는 질서를 거부하고 하나님의 질서를 심는 것이 하나님의 백성이 이 땅에서 할 일입니다. 그 질서 중에서도 생각의 질서가 중요합니다. 하나님의 백성은 '모으는 것이 아니라 드리는 것이 참된 복'이라는 분명한 가치를 지녀야 합니다. 그리고 그 가치를 서로에게, 자녀들에게 분명하게 표현하면 복된 사람의 영향력을 끼칠 수 있습니다.

나는 내어놓더라도 그 대가로 내 자녀는 모아들이기를 은근히 바라지 말고, 내 자녀에게도 '드리는 복을 받는 사람이 되라'고 분명히 가르쳐야 합니다. 전도할 때도 마찬가지입니다. 처음 교회로 인도하면서부터 '드리는 것이 복이니 많이 드리십시오.'라고 말하는 것은 지혜롭지 못한 일이지만, 일단 믿기로 작정한 사람이라면 드리는 것이 복이라는 사실을 분명히 알려 주어야 합니다.

15년쯤 전에 제가 교육전도사로 섬기던 교회에서 두 집사님의 대화를 들은 적이 있습니다. 그 무렵 교회가 파송한 선교사님에게서 사역을 위한 후원금 요청이 왔습니다. 500만 원으로 기억하는데, 당시에는 큰 금액이었습니다. 그런데 이 금액을 한 집사님이 혼자 다 감당하시겠다고 했습니다. 다른 집사님이 함께하자고 하니, 그 집사님이 이렇게 말씀하시더군요. "왜 내 복을 가져가려고 하십니까?"

그분이 어떤 생각으로 이 말씀을 하셨는지, 드리는 것이 진정한 복임을 표현하신 것인지 아니면 그렇게 드리면 어떤 보상을 받을 것이라고 생각하셨는지 저는 정확히 모릅니다. 그러나 그때 그분의 말하는 모습이 지금까지 잊혀지지 않는 걸 보면, 그분이 보상을 생각하기보다는 드리는 것 자체를 기뻐하셨을 것 같습니다.

　사탄이 지배하는 세상의 구조에 발맞추어 모아들이는 복을 바라는 것이 아니라 드리는 복을 받으며 살아가는 사람은 하나님 나라의 증거자요 그 나라를 확장해 가는 사람입니다.

··· 역대하 한눈에 보기

역대하 1-6장

1장

역대하는 솔로몬이 기브온 산당에서 제사하는 장면으로 시작합니다. 왕이 되자마자 왕권 확립을 위해 급히 한 일들이 있었지만 왕상 2장 역대하는 그것을 생략하고 이 제사부터 시작합니다. 하나님 앞에 드리는 복을 받은 솔로몬의 모습이 귀하기 때문입니다.

솔로몬이 무엇을 기대하고 이 일을 행한 것은 아닐텐데, 하나님은 이것을 기쁘게 받으셔서 생각지도 않은 선물을 주십니다. '내가 너에게 무엇을 줄까? 구하라.' 고 말씀하시자 대하 1:7 솔로몬은 백성을 인도하고 재판하기 위한 '지혜와 지식'을 구했습니니다. 대하 1:10 왕으로서 절실했을 나라의 안정이나 외교적인 해결책은 구하지 않고 지혜를 구했을 때, 하나님은 이를 기뻐하셨고 부와 재물과 영광까지도 약속하셨습니다.

그런데 이 약속 직후에 솔로몬이 누린 부귀영화의 한 단면이 나옵니다. 1:14-17 이 내용과 더불어 역대하 2장의 인간적인 성전 건축 준비는 우리를 안타깝게 합니다.

2-5장

2장에는 성전 건축 준비 과정이 나오고, 3-4장에는 성전의 규모와 내부 구조가 기록되어 있는데, 한마디로 대단한 규모요 화려한 외관이었습니다. 그리고 이렇게 최고의 정성을 드리는 그 자리에 하나님이 임재하셨습니다.

6장

솔로몬은 하나님의 지혜를 받은 사람다운 기도를 드립니다. 먼저 자신이 성전을 짓게 된 경위를 이야기합니다. 1-11절 핵심은 이 놀라운 역사가 아버지 다윗이 아닌 자신에게 맡겨졌다는 내용입니다. '성전을 지어 드리는 이 놀라운 복을 내가 받았습니다.' 그리고 겸손한 고백이 이어집니다. 자신이 아무리 정성 다해 지어 봐야 하나님 수준에 맞는 성전을 지을 수도 없고 사실 하나님께는 그것이 필요하지도 않다는 것을 잘 안다는 고백입니다. 6:18

이제 솔로몬은 이 고백 위에서 하나님 앞에 간구하기 시작합니다. "주께서 전에 말씀하시기를 내 이름을 거기에 두리라 하신 곳 이 성전을 향하여 주의 눈이 주야로 보시오며 종이 이곳을 향하여 비는 기도를 들으시옵소서." 6:20

이 말씀의 의미는 이런 것입니다. "제가 성전을 하나님께 드린 것은, 실은 간구할 자리를 마련한 것일 뿐입니다." 즉, 하나님을 위해 성전을 드린 것 같지만 결과적으로는 자신을 위한 것입니다. 자신이 간구할 자리를 마련했으니 어찌 복이라 하지 않겠습니까. 그 다음 간구의 구체적인 내용이 나오는데 24-42절 백성이 잘못하여 벌을 받은 다음 회개하고 하나님께 나아와 기도하면 그 기도를 들어 달라는 내용입니다.

역대하가 쓰여진 시점에서 솔로몬의 기도를 돌아봤을 때 얼마나 기가 막히겠습니까? 그 기도대로 그들이 바로 그런 상황에 처해 있으니 말입니다. 왕으로서 통치를 시작하는 시점에 여기까지 내다보며 기도했다는 것은 참으로 성령이 주신 지혜입니다.

PRAYER
기도

하나님,

참 알량한 것을 드리면서도 아까워서 손이 떨렸습니다.

얼마나 계산하며 살았는지요.

드리는 것이 복이라는 것을 새삼 깨닫습니다.

그러나 수없이 깨달았다고 말하면서도

손끝 하나 바뀌지 않는 고집 센 모습이 바로 저입니다.

이제 바뀌고 싶습니다.

제 삶의 시스템이 바뀌기를 원합니다.

매순간 하나님의 은혜를 넘치게 받는 사람으로

삶의 시스템이 바뀌기를 구합니다.

함께하옵소서.

주님, 이렇게 기도하고 나서도 언제 변할지 모르겠습니다.

이 악한 저를 붙잡아 주옵소서.

깨닫게 하옵소서.

이 세상에서 주인 역할을 하겠다고 달려드는

돈과 우상들에게 주인 자리를 내주지 않게 하옵소서.

드리는 복을 받은 사람으로,

그 기쁨으로 이 땅에 주님의 은혜를 드러내는 사람이 되게 해주소서.

버릴 줄 아는 자

솔로몬은 바로의 딸을 아내로 맞음으로 하나님 말씀을 어겼습니다.

또 그들과 혼인하지도 말지니 네 딸을 그들의 아들에게 주지 말 것이요 그들의 딸도 네 며느리로 삼지 말 것은 그가 네 아들을 유혹하여 그가 여호와를 떠나고 다른 신들을 섬기게 하므로 여호와께서 너희에게 진노하사 갑자기 너희를 멸하실 것임이니라. 신 7:3-4

물론 예외적으로 이방 여인이 이스라엘의 일원이 된 경우도 있습니다. 솔로몬의 고조모인 룻이 그렇습니다. 그러나 룻은 신앙의 결단을 하고 이스라엘로 온 것이지만, 솔로몬은 이방 여인을 아내로 맞이할 때 신앙을 전혀 문제 삼지 않았습니다. 왕상 11:4-8 한 나라의 왕이 이렇게 정면으로 말씀을 어긴 것은 보통 잘못이 아닙니다. 그렇다면 솔로몬은 왜 바로의 딸을 아내로 맞았을까요?

◎ 솔로몬이 바로의 딸을 데리고 다윗 성에서부터 그를 위하여 건축한 왕궁에 이르러 이르되 내 아내가 이스라엘 왕 다윗의 왕궁에 살지 못하리니 이는 여호와의 궤가 이른 곳은 다 거룩함이니라 하였더라. 대하 8:11

솔로몬의 세 가지 잘못

솔로몬은 바로와의 관계 때문에 그의 딸을 맞이했습니다. 애굽 땅에 솔로몬에게 필요한 것(말과 병거)이 있었기 때문일 것입니다. 그 결과 솔로몬은 말과 병거를 순조롭게 수입할 수 있었고, 수입한 것을 다시 수출해서 이득을 얻기도 했습니다. 대하 1:16-17 이 내용이 1장과 9장에 반복해서 나오는 것으로 보아, 솔로몬은 말과 병거를 수입하는 데 상당한 비중을 두었던 것 같습니다.

이 사건에는 솔로몬의 여러 가지 잘못이 중첩되어 있습니다. 첫째, 말과 병거를 많이 얻겠다는 마음부터가 문제입니다. 다윗은 전리품으로 얻은 말 대부분의 발 힘줄을 끊은 적이 있습니다. 그 이유는 '왕은 말을 많이 두지 말라.'는 하나님의 말씀을 지키기 위해서였습니다. 그런데 지금 솔로몬은 말과 병거를 많이 두려고 합니다.

첫 단추를 잘못 끼우니 두 번째 잘못으로 이어집니다. 솔로몬은 애굽의 말과 병거를 수입하기로 결정합니다. 이 또한 신명기 말씀을 정면으로 어긴 것입니다.

> 그는 병마를 많이 두지 말 것이요 병마를 많이 얻으려고 그 백성을 애굽으로 돌아가게 하지 말 것이니. 신 17:16

세 번째 잘못은 이것입니다. 애굽에서 말과 병거를 사들이기로 했는데, 어떻게 하면 더 효과적으로 들여올 수 있을까요? 애굽 왕 바로와 혼인 관계를 맺으면 말할 것도 없이 쉽겠지요. 그래서 솔로몬은 이방인과 결혼하지 말라는 말씀을 어기고 바로의 딸과 결혼합니다.

지혜의 왕인 솔로몬이 왜 이렇게 거듭 잘못을 범했을까요? 자신의 얕은 지혜를 의지했기 때문입니다. 말을 많이 가지지 말라는 것은 하나님보다 군사력을 더 의지하지 말라는 것이니, 말과 병거를 많이 가지되 하나님을 의지하는 마음만 변하지 않으면 될 것 아니냐, 나는 그럴 수 있다, 이렇게 생각할 수 있습니다. 애굽으로 가지 말라는 것도, 바로의 딸을 아내로 맞은 것도, 그것 때문에 하나님을 향한 마음이 흔들리지 않으면 될 것 아니냐, 이렇게 생각했을 수 있습니다.

실제로 열왕기상 말씀을 보면, 바로의 딸을 데려왔다는 말씀 3:1 직후에 이런 내용이 있습니다.

> 솔로몬이 여호와를 사랑하고 그의 아버지 다윗의 법도를 행하였으

나. 왕상 3:3

바로의 딸을 데려올 때도 하나님을 향한 마음이 흔들린 것은 아니었다는 것입니다.

버려야 할 것을 버리지 못한 솔로몬

솔로몬은 이런 잘못을 하면서도 마음 한편에 부담이 있었던 것 같습니다. 그 마음의 부담이 "내 아내가 이스라엘 왕 다윗의 왕궁에 살지 못하리니 이는 여호와의 궤가 이른 곳은 다 거룩함이니라." 는 말씀에 잘 나타나 있습니다. 이방인 아내를 법궤가 지나간 곳에 두는 것이 부담스러웠던 솔로몬은 다른 곳에 거하게 합니다. 나름대로 고민하고 갈등한 결과였습니다. 신앙도 버릴 수 없고, 바로의 딸도 버릴 수 없으니 이런 절충점을 생각해낸 것입니다.

그러다가 솔로몬은 말년에 많이 타락합니다. 이방의 많은 여인들을 후궁과 첩으로 맞으면서 우상숭배까지 하게 됩니다. 이것이 바로 하나님의 말씀을 어기면서까지 애굽의 말을 버리지 못한 결과입니다. '이 정도는 괜찮지.' 하면서 선택한 작은 결정들이 모여, 돌이킬 수 없는 타락에까지 이르렀습니다. 솔로몬은 하나님에게서 통치의 지혜를 받았음에도 버려야 할 것을 버리지 못했습니다.

눈 앞의 이익만 바라보았던 이스라엘

버리지 못하는 솔로몬의 모습을 가나안 정복 직후의 이스라엘 민족에게서도 볼 수 있습니다.

> 이스라엘 자손이 여호와의 목전에 악을 행하여 바알들을 섬기며 애굽 땅에서 그들을 인도하여 내신 그들의 조상들의 하나님 여호와를 버리고 다른 신들 곧 그들의 주위에 있는 백성의 신들을 따라 그들에게 절하여 여호와를 진노하시게 하였으되 곧 그들이 여호와를 버리고 바알과 아스다롯을 섬겼으므로. 삿 2:11-13

이것은 가나안 정복에서부터 왕이 세워지기까지 약 400년 동안 끊임없이 반복된 일을 요약해 놓은 구절입니다. 왜 이스라엘 사람들은 틈만 나면 바알신을 섬겼을까요? 이스라엘은 정복자이고 가나안은 피정복자입니다. 피정복자가 정복자를 따르는 것이 당연하지 않습니까? 그런데 왜 자꾸만 반대 현상이 벌어졌을까요?

이에 대한 답은 가나안에 정착한 이스라엘 백성들의 삶을 상상해 보면 알 수 있습니다. 이스라엘 백성 중에 농사를 지어본 사람이 있었을까요? 가나안에 들어간 백성은 모두 다 광야에서 태어나 광야를 떠돌아다녔을 뿐입니다. 그런데 이제 땅을 얻었으니 농사를 지어야 합니다. 말할 수 없이 막막합니다. 그런데 바로 옆에서 가나안 백성이 농사를 짓습니다. 이스라엘 백성들은 그것을 보고 배웁니다. 그들이 씨를 뿌리면 씨를 뿌리고, 김을 매면 김을 맸습니다. 그런데 어느 날 보니, 그들이 특별한 방법으로 바알과 아스다롯에게 제사를 지냅니다. "이게 뭐 하는 거요?" 하고 묻자, 그들은 이렇게 제사 지내야 땅의 소출이 많다고 대답합니다. 바알과 아스다롯은 농사의 신이었습니다.

물론 이스라엘 백성은 그들에게 '말도 안 된다, 여호와만이 참 신이다.' 라고 역설했을 것입니다. 그리고 추수 때가 되었습니다. 어느 쪽의 생산량이 많을까요? 당연히 가나안 백성의 생산량이 많습니다. 대대로 농사 지어 온 사람들과 처음 농사 짓는 사람들이 어찌 같겠습니까?

이런 일이 1년, 2년 반복되면서, 이스라엘 백성은 점점 먹고 살기가 힘들어집니다. 그러니 혹시나 하고 "진짜 바알신을 섬기자는 게 아니라 한번 시늉만 해 보는 거지 뭐." 하면서 그들의 제사에 참여하는 사람이 생기지 않았을까요? 이렇게 가나안 사람들과 친해지면서 그들의 농사법을 배우게 됩니다. 가나안의 농경문화에 젖어 가는 것입니다. 그러면서 생산량도 늘어납니다. 바알과 아스다롯을 섬기는 것은 농사의 이익과 부유함이라는, 참 버리기 힘든 이익과 연관되어 있었습니다.

여호와만 섬긴다는 것은 그 이익을 버리는 것을 의미합니다. 농사 방법만 배우고 나머지는 버리면 되지 않느냐고 말할지 모릅니다. 그러나 농사란 단순한 기술이 아니라 하나의 문화입니다. 그 문화에 젖지 않고 기술만 배운다는 것은 정말 쉽지 않습니다. 이스라엘 백성은 바로 그 이익을 버리지 못해 끊임없이 바알을 숭배했던 것입니다. 그러나 그 결과 이스라엘 민족은 번영의 길이 아니라 멸망의 길로 가게 됩니다.

예수님의 제자는 버릴 줄 안다

예수님의 제자는 버릴 줄 아는 사람입니다. 버리지 않고 자신을 위해 쌓아놓으면 더 좋을 것 같지만, 버리지 않는 것은 하나님의 능력에서 멀어지는 지름길입니다. 심지어 예수님은 제자들에게 하나님과 재물을 겸하여 섬길 수 없다, 즉 제자가 되려면 물질의 이익을 완전히 버려야 한다고까지 말씀하십니다. 마 6:24 이런 제자의 모습을 잘 보여주는 사람이 사도 바울입니다. 다음은 바울이 고린도교회를 향해 쓴 편지입니다.

> 우리가 먹고 마실 권리가 없겠느냐 … 다른 이들도 너희에게 이런 권리를 가졌거든 하물며 우리일까 보냐 그러나 우리가 이 권리를 쓰지 아니하고 범사에 참는 것은 그리스도의 복음에 아무 장애가 없게 하려 함이로다 … 그런즉 내 상이 무엇이냐 내가 복음을 전할 때에 값없이 전하고 복음으로 말미암아 내게 있는 권리를 다 쓰지 아니하는 이것이로다. 고전

9:4, 12, 18

바울은 고린도에서 전도하면서 고린도인들에게 재정적인 부담을 전혀 주지 않았습니다. 당시 복음을 전하던 다른 사도들은 물론이고 헬라의 철학자들도 빈손으로 다니면서 배우는 사람들의 부담으로 생활했습니다. 그러나 성령이 바울에게 주신 지혜는, 누릴 수 있는 권리를 버리는 것이 바로 능력이라는 것이었습니다.

바울은 이렇게 자신의 권리를 쓰지 않고 버리는 것을 자신이 받는 '상' 이라고까지 말합니다. 발상의 전환이지요. 보통 '상' 이라고 하면 자신이 쌓아놓을 수 있는 무엇인가를 받는 것을 의미합니다. 그런데 바울이 말하는 상은 '권리를 포기함으로써 복음을 전할 수 있다.' 는 사실 자체입니다. 예수님을 닮은 사람, 예수님의 능력을 힘입은 사람으로 변화되었기 때문에 그것 자체가 상인 것입니다.

낡은 것을 버리고 새 것을 취해라

제 큰 딸이 아주 어렸을 때 일입니다. 딸에게 과자를 쥐어 주었는데, 잠시 후 딸이 울기 시작했습니다. 손 위로 나와 있는 과자를 다 먹었기 때문이었습니다. 그래서 새 과자를 쥐어 주려고 하는데, 딸은 과자 조각을 놓지 않고 더 크게 울어댔습니다. 손을 간신히 펴서 새 것을 쥐어 주면서 생각했습니다. '아, 버릴 것을 버리지 못하는 내 모습이 바로 이렇겠구나. 하나님이 새 것을 쥐어 주고 싶으셔서 놓으라 하시는데 못 놓는 내 모습이 바로 이것이구나.'

가질 수 있는 것을 다 가지고, 누릴 수 있는 것을 다 누리는 자리에는 하나님의 능력이 드러나지 않습니다. 예를 들어 볼까요?

돈이나 명예는 탐욕과 관계될 때가 많으니까, 칭찬(인정받음)에 대해 생각해 봅시다. 처음에는 칭찬받기 위해 시작한 일이 아니라도, 칭찬을 받다 보면 칭찬에 매이게 됩니다. 칭찬받을 만한 일을 계속 하게 됩니다. 그러다 보면 칭찬이 주인이 되면서 능력은 사라집니다.

이런 면에서 제 목회사역과 성경공부 시간을 돌아봅니다. 성경공부 시간에 말씀을 깨닫고 기뻐했습니다. 함께 감격했고, 깨달은 말씀을 품고 기도할 때 눈물도 많이 흘렸습니다. 성경공부를 통해 은혜 받았다는 인사도 참 많이 들었습니다. 다른 사역에서도 마찬가지입니다. 사역을 진행하면서 사람들에게 인정받을 때가 참 많았습니다.

그러다 보니 칭찬받고 인정받는 사역과 성경공부에 더 매진하게 되었습니다. 장기적으로 보면 성도들과 더 깊은 은혜를 지속적으로 나누기 위해 폭넓은 경험을 하고 독서도 하고 공부도 해야 합니다. 그러나 그 쪽으로는 힘쓰지 않았습니다. 한마디로, 목회자로서 열심히 일하긴 했지만 주님의 이름을 다리 삼아 칭찬과 인정을 얻고 있었던 것입니다. 이름을 붙인다면 '인정신 우상'을 섬겼다고 할 수 있겠습니다. 솔로몬이 지혜와 힘과 부를 통해 명성의 길로 달려가던 것과 다를

게 없습니다. 규모가 작고 그 우상이 눈에 잘 띄지 않을 뿐입니다.

주님을 위해 그 우상을 일찌감치 버려야 했습니다. 당장 눈앞에 주어지는 이익을 버리고, 책망도 받고, 훈련도 더 받고, 스스로 깨어지는 자리로 가야 했습니다. 그러나 그렇지 않은 채 시간이 지나다 보니, 능력은 사라지고 '은혜 받는 방법'만 가르치는 기술자가 되어 있었습니다. 성령의 감동을 의지하는 것이 아니라 목회 기술에 의지하는 사람이 되어 있었습니다. 그래서 그 시간을 돌아보며 회개했습니다.

버리는 것은 한 번으로 끝나는 일이 아닙니다. 하나님이 주시는 복이 많기에, 이 땅에서 받아 누릴 수 있는 것이 계속 있기에, 무엇을 버릴 것인지를 매순간 선택해야 합니다. 누릴 수 있는 것을 다 누리지 않고 버릴 줄 아는 사람이 될 때, 주님의 능력이 온전히 드러날 것입니다.

••• 역대하 한눈에 보기

역대하 7-9장

역대하는 솔로몬의 잘못보다는 영광과 번성함을 주로 전합니다. 열왕기상에 기록된 후궁 칠백과 첩 삼백, 그 여인들로 인한 우상 숭배, 그리고 하나님의 말씀에 대한 불순종(이상 열왕기상 11장)에 대한 내용은 역대하에 나오지 않습니다. 역대하의 첫 독자인 포로 시대 후기 백성들의 상황을 생각하면, 이런 기록 방향은 충분히 이해할 만합니다. '지금은 이렇게 힘겹지만 우리 민족에게도 다윗과 솔로몬 때처럼 번영한 때가 있었다.'라는 자부심을 심어 줄 수 있었기 때문입니다.

7장

6장에서 솔로몬이 성전 봉헌과 함께 드린 기도에 7장에서 하나님이 하늘의 불로 응답하십니다. 그리고 솔로몬에게 직접 나타나 말씀을 주십니다. 말씀의 내용은 하나님을 잘 믿으면 왕위를 견고하게 해주겠고, 하나님을 떠나 우상을 섬기면 이제 성전이 완전히 파괴되고 나라가 멸망하리라는 것입니다. 솔로몬의 행위에 축복과 심판이 달렸다는 말씀입니다.

8장

8장은 영토 확장과 성읍 건축을 통한 솔로몬의 번영을 묘사합니다. 하나님이 솔로몬에게 허락하신 복입니다. 반면에 그 직후에 나오는 바로의 딸에 관한 이야기는 신앙의 타협을 보여 줍니다. 그 다음에 이어지는 말씀은 솔로몬의 예배에 관한 것입니다. 솔로몬은 모세와 다윗이 정한 바를 하나도 어기지 않고 충실하게 예배에 임합니다. 이는 잘한 것입니다. 그러나 선왕이 정한 예배의 규정이 어찌 완전하겠습니까? 더 온전한 예배를 드리고자 한다면 무엇인가 한 가지라도 변화가 있을 법하나 그런 모습은 보이지 않습니다. 이런 상황들을 종합해 볼때 솔로몬이 드렸던 예배는 흠 잡을 것은 없으되 수동적이고 의무적인 것이 아니었을까 하는 조심스러운 결론을 내려 봅니다.

9장

스바 여왕을 비롯한 수많은 왕들이 솔로몬의 지혜를 듣기 위해 예물을 들고 찾아오는 놀라운 장면이 계속됩니다. 그 가운데 솔로몬이 누린 부귀영화는 얼마나 대단했는지요. 그러나 누릴 수 있는 것을 다 누리는 자리에는 능력이 없습니다. 자신의 삶을 조금이라도 절제할 수 있었다면, 솔로몬은 말년에 그렇게까지 영적으로 흐트러지지 않았을 것입니다.

이런 면에서 역대하 9장은 부귀영화의 상승과 영적인 쇠락이라는 두 곡선이 교차하는 자리입니다. 그리고 시간이 갈수록 영적 쇠락으로 인한 악한 영향력이 더 두드러집니다. 우리는 무심코 누리는 것을 좋아하다가 영적인 쇠락을 경험하지 않도록, 스스로 삼가 제대로 버릴 줄 아는 자가 되어야 할 것입니다.

PRAYER
기도

하나님 아버지,

저에게 참 많은 것을 주셨는데

저는 그것을 저 자신을 위해 다 써 왔습니다.

조금만 칭찬받으면 마음이 높아져서 제가 주인이 되려 했습니다.

뭐든지 누릴 수 있는 것은 다 누려야 하고,

그걸 못 누리면 화내고 억울해 했습니다.

예수님이 모든 걸 버리셨다는 것을 성경에서 읽으면서도,

저는 버리지 않고 얻으려고만 했습니다.

그래서 그렇게 애를 쓰는데도

하나님의 능력이 제 손을 통해 드러나지 않아 답답했습니다.

버릴 줄 아는 자가 되게 하옵소서.

지금 제 마음의 우상을, 인정 신을, 뿌리 깊은 맘몬 신을 버리게 하옵소서.

버림으로써 얻는 주님의 진리를 깨닫고 행하며 살게 하옵소서.

존귀에 처할 줄 아는 자

솔로몬의 아들 르호보암이 즉위할 때의 일입니다. 당시 이스라엘에서는 왕이 즉위할 때 백성들의 인준 절차를 거쳐야 했던 것으로 보입니다. 특히 다윗 왕조가 속한 유다 지파 이외의 지파들은 상당히 강한 독립 성향을 지니고 있었습니다. 왕정이 시작되기 전에 사사 시대 400년을 독립적으로 살아 왔기 때문입니다.

그래서 온 이스라엘 백성이 그 절차를 밟기 위해 세겜이라는 곳에 모였습니다. 대하 10:1 그리고 자신들의 지도자인 여로보암을 통해 새 왕 르호보암에게 세금과 부역을 감해 달라고 합니다. "그리하시면 우리가 왕을 섬기겠나이다." 라고 했으니, 그렇게 안 해주면 왕으로 인정하지 않겠다는 강력한 요구입니다.

이에 르호보암은 백성에게 사흘 후에 다시 오라고 이야기합니다. 그리고 이 난감한 요구에 어떻게 대응할지를 원로들과 젊은 신하들에게 묻습니다. 원로들은 백성의 요구를 들어 줄 것을, 젊은 신하들은 요구를 일축할 것을 권했고, 왕은 후자를 택했습니다. 그 결과 12지파 중 10지파가 여로보암을 지도자로 삼아 독립해 버리고, 르호보암에게는 유다와 베냐민, 두 지파만 남았습니다.

'아, 르호보암은 어리석은 사람이구나.' 하고 넘어갈 수도 있겠지만, 이때는 하나님의 나라 이스라엘이 분단국가가 되는 안타까운 순간입니다. 하나님이 그토록 아끼고 복 주고자 하셨는데, 순식간에 그 복이 사라졌습니다. 이 사건이 실패한 원인과 과정을 제대로 살펴봅시다. 그래야 이 말씀의 거울에 우리의 삶을 제대로 비추어볼 수 있기 때문입니다.

◎ 왕의 아버지께서 우리의 멍에를 무겁게 하였으나 왕은 이제 왕의 아버지께서 우리에게 시킨 고역과 메운 무거운 멍에를 가볍게 하소서 그리하시면 우리가 왕을 섬기겠나이다 르호보암이 그들에게 대답하되 삼 일 후에 다시 내게로 오라 하매 백성이 가니라 르호보암 왕이 그의 아버지 솔로몬의 생전에 그 앞에 모셨던 원로들과 의논하여 이르되 너희는 이 백성에게 어떻게 대답하도록 권고하겠느냐 하니 … 왕은 원로들이 가르치는 것을 버리고 그 앞에 모시고 있는 자기와 함께 자라난 젊은 신하들과 의논하여 이르되 너희는 이 백성에게 어떻게 대답하도록 권고하겠느냐 백성이 내게 말하기를 왕의 아버지께서 우리에게 메운 멍에를 가볍게 하라 하였느니라 하니. 대하 10:4-9

르호보암의 사흘

르호보암은 왜 젊은 신하들의 대답을 선택했을까요?

이 일은 하나님께로 말미암아 난 것이라 여호와께서 전에 실로 사람 아히야로 하여금 느밧의 아들 여로보암에게 이르신 말씀을 응하게 하심이더라. 대하 10:15

이 구절은 솔로몬이 타락하여 하나님의 경고 말씀조차 듣지 않을 때 하나님이 이스라엘 12지파 중 10지파를 다른 사람에게 주겠다고 하셨던 것과 왕상 11:11-13 여로보암을 지명하신 것을 가리킵니다. 왕상 11:26-39

그렇다면 르호보암에게는 이스라엘 분단에 대한 책임이 없는 것일까요? 그렇지 않습니다. 왜냐하면 앞으로 볼 왕들의 역사에는 하나님이 왕의 태도에 따라 한번 품으셨던 뜻을 미루시거나 바꾸시는 일들이 적지 않게 나오기 때문입니다. 그러므로 솔로몬 때 정하신 하나님의 뜻이 그 아들 르호보암의 때에, 그것도 즉위하는 순간에 바로 나타났다면, 르호보암의 어떤 면에 문제가 있었는지 심각하게 되짚어 보아야 합니다.

먼저 백성들의 요구에 르호보암은 사흘의 여유를 달라고 합니다. 이것은 잘한 일입니다. 쉽게 답변할 만한 일은 아니니까요. 중요한 것은 그 사흘 동안 무엇을 했느냐는 것입니다.

르호보암이 원로와 젊은 신하 등 다양한 사람들을 불러 의견을 물은 것도 센스 있는 모습입니다. 그러나 이것이 르호보암이 사흘 동안 한 일에 대한 기록의 전부입니다.

이 사흘 동안 르호보암이 해야 할 가장 중요한 일이 신하들에게 묻는 것이었을까요? 그 외에 또 중요한 일은 없었을까요? 여기에서 솔로몬의 성전 건축을 다시 생각해 봅니다. 솔로몬은 성전 건축을 최선을 다해 준비했지만 하나님 앞에 예배드리면서 백성의 영적인 부흥을 일구지는 못했습니다. 여기에서도 마찬가지입니다. 취임 무렵에 닥친 이 어려운 문제를 어떻게 풀어갈까 고민한다면, 무엇보다도 먼저 할 일은 하나님 앞에 기도하며 묻는 것입니다. 인간의 지혜보다 크신 하나님의 지혜를 구해야 하는 것입니다. 그러나 르호보암은 그렇게 하지 않았습니다. 사람들을 불러 의견을 물었을 뿐 하나님의 뜻을 구하지 않았습니다.

르호보암은 왜 하나님께 구하지 않았을까요? 결론부터 말한다면, 왕위가 자신의 것이라고 생각했기 때문입니다. 여기서 상상력을 동원해 보겠습니다. 사실 이 왕위에 오르는 것이 쉽지만은 않았을 것입니다. 솔로몬에게 얼마나 많은 부인이 있었습니까? 그 많은 부인 중, 르호보암의 어머니는 암몬 출신이었습니다. 대하 12:13 그리고 르호보암 외에도 솔로몬의 많은 부인들에게서 태어난 많은 자녀들이 있습니다. 그 중에서 왕위에 욕심 내는 사람이 왜 없었겠습니까?

르호보암은 그 경쟁을 뚫고 왕이 될 사람입니다. 머리도 상당히 좋았을 것이고 인간관계도 나쁘지 않았을 것입니다. 경쟁 상대를 은밀히 밀어낼 정치적인 수완도 있었겠지요. 아버지 솔로몬의 총애를 얻고 지명을 받을 만한 처신술도 갖추었을 가능성이 높습니다. 지금 성경을 읽는 우리 눈에는 르호보암이 별것 아닌 것처럼 보여도, 르호보암은 수많은 왕자들 중에서 솔로몬의 자리를 물려받도록 선택된 인물이었습니다. 르호보암은 자신의 능력을 총동원해 왕의 자리에까지 이르렀을 것입니다.

그래서 이번에도 지금까지 해 왔던 방법을 그대로 썼습니다. 정치적인 이해관계와 세력 구도를 생각하고, 힘으로 밀어붙일 것인지 달랠 것인지 생각했을 것입니다. 르호보암이 사흘간 시간을 달라고 한 것은 바로 이러한 계산에서 나온 것입니다. 그 사흘 동안 하나님의 뜻을 구할 생각은 애초에 없었습니다.

그러나 왕위는 자신의 노력으로 얻고 지키는 것이 아니라 하나님이 주시는 것입니다. 그리고 빼앗으실 수도 있는 것입니다. 하나님은 온 세상을 다스리시는 온 세상의 주인이시기 때문입니다. "부와 귀가 주께로 말미암고 또 주는 만물의 주재가 되사 손에 권세와 능력이 있사오니 모든 사람을 크게 하심과 강하게 하심이 주의 손에 있나이다." 대상 29:12라는 다윗의 고백대로 말입니다.

존귀에 처할 줄 안다는 것

존귀에 처할 줄 안다는 것은 무엇보다도 먼저 그 존귀함이 어디에서 온 것인지를 아는 것입니다. 자신이 존귀해졌다면, 그 존귀함이 하나님으로부터 온 것임을 아는 것입니다.

그것을 모른 채 자신의 능력으로 존귀해졌다고 생각한다면, 그는 존귀에 처할 줄 모르는 사람입니다. 왕이라는 이 땅 최고의 존귀한 자리에 있으면서도 그 존귀가 어디에서 왔는지 생각하지 않은 르호보암은 존귀에 처할 줄 모르는 사람이었습니다. 그가 존귀에 처할 줄 아는 사람이라면 권세와 능력의 하나님 앞에 무릎을 꿇을 것인데, 존귀에 처할 줄 모르는 사람이기에 자신의 힘으로 어렵사리 손에 넣은 그 존귀를 지키려고 하는 것입니다.

이렇게 존귀가 하나님으로부터 온 것임을 모를 때, 그래서 자신의 힘으로 그것을 지키려 할 때, 르호보암처럼 뛰어난 사람이라도 어리석은 길을 걷게 됩니다. 그 어리석음이 어떻게 드러나는지 살펴보겠습니다.

르호보암은 신하들을 향해 이렇게 물었습니다.

너희는 이 백성에게 어떻게 대답하도록 권고하겠느냐?

일단 여러 신하들에게 물은 것은 좋습니다. 그러나 물었다는 사실 자체보다 더 중요한 것은 무엇을 묻느냐는 것입니다. 그러면 르호보암은 지금 제대로 묻고 있는 것일까요? 세금과 부역을 감면해 달라는 백성들 앞에서 왕이 신하들을 불러서 물어야 할 것은 무엇일까요?

먼저 물어야 할 것은 객관적인 사실입니다. 현재 백성들의 부담이 얼마나 큰지, 그것이 정말 백성들을 심히 힘들게 하는 정도인지 말입니다. 그래야 다음 이야기가 진행되지 않겠습니까?

둘째, 객관적인 삶의 형편보다 더 중요한 것은 백성들의 신앙 상태입니다. 이스라엘은 보통 나라가 아니라 하나님을 향한 신앙으로 세워진 나라입니다. 신앙적으로 충만할 때와 그렇지 않을 때, 백성들의 행동은 전혀 다릅니다. 역사를 돌아볼 때 신앙이 제대로 서 있으면 백성들은 상당히 무거운 부담도 기꺼이 감당했습니다. 그러나 신앙이 흔들릴 때는 많은 것을 누리면서도 불평불만이 가득했습니다. 그러니 이스라엘의 왕이라면 백성들의 신앙이 어떤 상태인지를 먼저 물어야 합니다. 그러나 르호보암 자신이 신앙으로 서 있지 않으니 그것을 물었을 리 없습니다.

셋째, 이것은 정치적인 감각에 속하는 문제로, 백성의 대표로 나선 사람을 주목하고 그 사람에 대해 물어야 합니다. 대표인 여로보암은 12지파 중 10지파를 약속받은 사람이고, 그 때문에 솔로몬에게 죽임당할 뻔했다가 망명한 사람입니다. 그런 사람이 돌아왔습니다.

그러니 백성들은 지금 신앙적, 정치적, 경제적으로 중첩된 문제를 겪고 있습니다. 무릇 왕이라면 백성의 이러한 상태를 돌아보고, 자신에게 불평하는 이들을 불쌍히 여기고 그들을 지도해 가야 할 책임을 느껴야 합니다. 이것이 그가 왕이라는 존귀한 자리에 선 이유입니다. 그러나 지금 르호보암은 자신이 쥔 것을 놓지 않는 데만 관심을 집중할 뿐, 이런 백성의 문제는 생각도 못하고 있습니다.

존귀에 처할 줄 모르는 사람! 하나님이 그 자리를 주셨음을 모르는 사람. 그래서 그 자리가 갖는 책임을 모르는 사람. 그 자리가 자신에게 가져다 줄 유익만 생각하는 사람. 르호보암은 그런 사람이었습니다.

스스로 높아지려고 하면 낮아진다

이런 르호보암을 향해 원로들은 백성들의 요구를 들어주라고 합니다. 르호보암의 귀에 이 말이 들릴까요? 들릴 리가 없습니다. 그리고 원로들은 같은 말을 하더라도 왕의 이런 상태를 감안해서 잘 받아들일 수 있게 말해야 했습니다. 하지만 지금 우리는 르호보암에 초점을 맞추고 있으니 이 문제는 지적만 해두고 넘어갑시다.

한편, 젊은 신하들은 부왕 솔로몬 때보다 더 무거운 짐을 백성들에게 지우라고 말했습니다. 표현도 아주 자극적입니다.

> 내 새끼 손가락이 내 아버지의 허리보다 굵으니 … 내 아버지는 가죽 채찍으로 너희를 치셨으나 나는 전갈 채찍으로 하리라 하소서. 대하 10:11

전갈 채찍이란 날카로운 쇳조각이 박혀 있는 채찍을 말합니다. 이 말은 백성들을 달랠 것이 아니라 더 강하게 밀어붙이라는 것입니다. 한 걸음 양보하면 앞으로 두 걸음, 세 걸음, 계속 양보해야 할 것이라는 계산도 깔려 있었을 것입니다. 처음부터 약하게 나가면 앞으로 더 힘들어질 것이니 기선을 제압해야 한다는 의미이기도 할 것입니다. 그리고 이 젊은 신하들은 르호보암과 똑같은 전제를 가지고 있습니다. '일단 얻은 존귀는 결코 잃어버릴 수 없다!' 그러니 왕과 젊은 신하들이 의기투합할 수밖에 없었던 것입니다. 르호보암은 사흘 후에 찾아온 백성들에게 이 말을 그대로 반복하며 위협합니다. 10:14

내 아버지는 너희의 명에를 무겁게 하였으나 나는 더 무겁게 할지라!

즉, 르호보암의 대답은 그저 어리석은 자의 입에서 나온 철없는 말이 아닙니다. 나름대로 정치적인 계산을 거듭하여 찾아낸 가장 효과적인 답변입니다. 그러나 결과는 계산과 완전히 다른 방향으로 갔습니다. 10지파는 르호보암의 통치를 벗어나 곧바로 자신들만의 왕국을 세워 버린 것입니다. 대하 10:16-19 이것이 바로 존귀한 자리에 올랐으되 그 자리에 처할 줄 모르는 사람에게 주어지는 결과입니다.

그래서 성경은 이렇게 말씀합니다.

존귀하나 깨닫지 못하는 사람은 멸망하는 짐승 같도다. 시 49:20

시편 49편에서 '존귀'와 주로 연관 짓는 것은 재물입니다. 부자가 되었는데 그 부가 하나님이 주신 것임을 깨닫지 못하는 사람이 있습니다. 그런 사람은 부유한 자리에서 주변을 돌아보지 않습니다. 오직 자신이 그것을 어떻게 누릴지, 어떻게 더 많은 부를 움켜쥘지만 생각합니다. 그런 사람은 멸망하는 짐승과 같습니다. '존귀'의 내용은 살짝 바뀌었지만 르호보암의 상태를 그대로 드러내는 말씀입니다.

솔로몬도 마찬가지였다고 할 수 있겠지요? 솔로몬이 얻은 존귀는 말로 다할 수 없을 정도였습니다. 천하의 모든 왕들이 솔로몬을 부러워합니다. 그래서 솔로몬의 지혜로운 말을 들으려고 귀한 예물들을 산처럼 싸들고 솔로몬을 만나러 옵니다. 대하 9:22-24 그러나 지혜의 왕 솔로몬도 존귀에 처할 줄 모르는 자가 되고 말았습니다. 하나님의 뜻을 생각하지 않고, 자신이 지도해야 할 백성들도 생각하지 않고, 스스로 그 많은 부유함과 명예를 다 움켜잡아 누렸습니다. 그랬을 때 솔로몬이 누린 모든 존귀는 한 세대를 지속하지 못하고 낱낱이 파괴되어 버리고 맙니다.

그러고 보면 인류 역사의 고통은 존귀에 처할 줄 모르는 데서부터 시작되었습니다. 아담과 하와는 하나님이 처음 만드신 부부입니다. 하나님이 그들을 만드셔서 온 땅을 다스리는 하나님의 대리자로 세우셨습니다. 창 1:28 얼마나 존귀한 자리인지요. 존귀에 처할 줄 아는 사람이라면 하나님의 뜻이 무엇인지 계속 구해야 합니다. 그리고 그 존귀한 자리에 주어진 책임을 따라 주변을 돌아보아야 합니다. 그런데 아담과 하와는 그 존귀한 자리에서 더 많이 가지고 싶어했습니다. 하나님같이 되기를 원했습니다. 그것이 선악과를 따 먹은 이유입니다. 창 3:5-6 그러나 그렇게 존귀에 처할 줄 모르는 자가 되었을 때, 그들은 에덴동산이라는 존귀한 자리를 잃어버리고 말았습니다.

그 첫 사람의 피가 오늘날까지 그대로 흐릅니다. 따라서 예수님이 말씀하신 어리석은 부자의 비유 눅 12:16-21는 남의 이야기가 아닙니다.

내 곳간을 헐고 더 크게 짓고 내 모든 곡식과 물건을 거기 쌓아 두리라 또 내가 내 영혼에게 이르되 영혼아 여러 해 쓸 물건을 많이 쌓아 두었으니 평안히 쉬고 먹고 마시고 즐거워하자 하리라.

그를 향해 하나님이 말씀하십니다.

어리석은 자여 오늘 밤에 네 영혼을 도로 찾으리니 그러면 네 준비한 것이 누구의 것이 되겠느냐.

존귀에 처할 줄 모르는 자, 바로 우리의 이야기입니다.

비천과 풍부에도 흔들리지 않는 비결

비록 우리 안에 아담의 피가 흐르지만, 존귀에 처할 줄 모르는 모습을 극복할 수 없는 것은 아닙니다. 바울의 고백이 그 사실을 말해 줍니다.

나는 비천에 처할 줄도 알고 풍부에 처할 줄도 알아 모든 일 곧 배부름과 배고픔과 풍부와 궁핍에도 처할 줄 아는 일체의 비결을 배웠노라. 빌 4:12

여기서 '풍부'는 '존귀'와 통하는 개념입니다. 비천에 처할 줄도 알고 풍부에 처할 줄도 안다고 했는데, 먼저 비천에 처할 줄 모르는 것은 무엇일까요? 삶이 궁핍할 때 비굴해지고 낙심하는 것입니다. 반대로 비천에 처할 줄 아는 것은 궁핍하더라도 의연하고 만족하는 것입니다. 그럼 풍부에 처할 줄 모르는 것은 무엇일까요? 풍부로 인해 교만해지는 것을 말합니다. 이것을 잠언에서는 "혹 내가 배불러서 하나님을 모른다 여호와가 누구냐 할까 하오며." 잠 30:9 라고 표현했습니다. 그러므로 풍부에 처할 줄 아는 것은 풍부해지더라도 그것이 하나님으로부터 온 것임을 아는 것입니다.

사실 풍부에 처할 줄 아는 사람은 비천에도 처할 줄 알고, 풍부에 처할 줄 모르는 사람은 비천에도 처할 줄 모릅니다. 풍부할 때 자기 자신만을 바라본 사람은 그것을 다 잃어버렸을 때 잃어버린 자기 자신을 용납할 수 없을 것입니다. 그러나 풍부할 때 그것이 하나님으로부터 온 줄 아는 사람은 그것을 다 잃어버린다 하더라도 하나님을 믿고 나아갈 수 있습니다.

  우리 주님을 생각해 봅시다. 예수님은 지극히 존귀한 분임에도 말씀을 이루기 위해 세례 요한에게 세례를 받으셨습니다. 수많은 사람들이 갈채를 보내고 환호할 때에도 자신을 드러내어 으쓱하는 일 없이, 조용하고 겸손하게 해야 할 일을 행하셨습니다. 그리고 십자가의 비천에 처할 때에도 자신을 십자가에 못 박는 이들을 용서하며 죽으셨습니다. 진실로 존귀에 처할 줄 아셨던 분, 하늘의 존귀한 자리를 버리고 이 세상을 구원하려는 하나님의 목적을 따라 이 땅에 오셔서 오직 하나님의 뜻을 따라 사신 분이었습니다.

> 인자가 온 것은 섬김을 받으려 함이 아니라 도리어 섬기려 하고 자기 목숨을 많은 사람의 대속물로 주려 함이니라. 막 10:45

당신의 영적 자리는 어디입니까

  예수님을 믿는다는 사실만으로 우리는 존귀한 사람들입니다. "영접하는 자 곧 그 이름을 믿는 자들에게는 하나님의 자녀가 되는 권세를 주셨으니." 천지의 창조자요 주인이신 하나님의 자녀, 그 이상 존귀한 사람이 있을까요?

  그러므로 우리는 존귀에 처할 줄 알아야 합니다. 자신을 향한 하나님의 뜻을 기대하고 그 뜻을 찾는 것부터 시작해야 합니다. 그러나 그 뜻이 불분명하다는 이유로 우리는 얼마나 게으르고 비겁합니까? 우리는 틀리기 싫어하고 될 수 있으면 시행착오를 피하려 합니다. 그러나 이런 모습은 존귀에 처할 줄 모르는 사람의 특징입니다. 시행착오로 인해 비난받고 욕을 먹을 수도 있는데, 자기는 너무 귀해서 그런 욕을 먹을 수 없다는 것입니다. 그렇게 살다가는 리더십도 없어지고 영향력이 줄어듭니다. 즉, 하나님의 사람으로서 존귀함을 잃어버리고 맙니다. '내가 비난받고 책임지면 되지.' 하는 마음으로 시행착오를 과감히 겪어낼 때, 하나님이 더 존귀한 자리, 더 영향력 있는 자리로 보내십니다.

내가 처한 모든 자리에는 하나님이 주신 존귀함이 있습니다. 존귀에 처할 줄 아는 자가 된다는 것은, 그 자리에서 허리를 숙이고 무릎을 긴장시켜 먼저 섬기고 움직이는 사람이 되는 것입니다. 그 존귀함은 하나님이 주신 것이니까요. 기억합시다. "하나님은 존귀에 처할 줄 모르는 자를 존귀한 자리에 그대로 놓아두지 않으십니다."

··· 역대하 한눈에 보기

역대하 10-12장

10-11장

    이제부터 성경에서는 10지파가 세운 나라를 '이스라엘' 이라고 하고, 다윗 왕조가 다스리는 두 지파(유다, 베냐민)의 나라를 '유다' 라고 합니다. 그런데 역대하의 기록은 북이스라엘을 거의 무시하고 남유다에만 집중합니다.

    이는 북이스라엘이 남유다보다 140년쯤 먼저 앗시리아에 의해 멸망했기 때문입니다. 그리고 앗시리아의 민족 혼합 정책에 따라 다른 민족과 혼혈이 되고 신앙을 잃어버렸습니다. 이 사람들을 가리켜 신약 성경에서는 '사마리아인'이라고 부르는데, 유다 사람들은 이들을 매우 싫어했습니다. 따라서 포로시대 후기 유다 백성이 기록한 역대하는 남유다의 다윗 왕조를 타고 흐르는 하나님의 약속에 집중하고자 한 것입니다.

    이렇게 분단된 남유다의 첫 왕인 르호보암은 인간적으로는 상당히 기민하고 수완 있는 왕이었던 것같습니다. 그는 10지파가 떨어져 나간 뒤 나라의 방비를 위한 성읍을 많이 건축했습니다. 방어를 위한 조직을 갖추고 양식을 저장하고 무기를 충실히 갖추었습니다. 그래서 유다 나라는 매우 강해졌습니다.대하 11:5-12 젊은 신하들의 말을 무작정 따르는 어리석은 왕은 아니었던 것입니다.

게다가 르호보암에게는 뜻하지 않은 복이 찾아왔습니다. 여로보암이 송아지 우상을 세우고 레위 사람이 아닌 제사장을 멋대로 세우자, 북이스라엘에 살던 레위 사람들이 남유다로 대거 넘어온 것입니다.

르호보암의 정치력은 후계자를 세우는 과정에서도 드러납니다. 아비야라는 아들을 후계자로 세운 뒤, 나머지 아들들은 여러 흩어진 성읍에 살게 하되 생활을 보장하고 아내를 많이 구해 주었습니다.대하 11:22-23 이는 형제들간의 권력 다툼을 예방하는 지혜입니다.

12장

이렇게 르호보암은 상당히 강성하고 안정된 나라의 왕이 되었습니다. 그런데 바로 이때에, 존귀해질 때 존귀에 처할 줄 모르는 모습이 다시 머리를 듭니다.

르호보암의 나라가 견고하고 세력이 강해지매 그가 여호와의 율법을 버리니 온 이스라엘이 본받는지라.대하 12:1

이에 대한 하나님의 징계는 애굽 왕 시삭의 침략으로 나타났습니다.대하 12장 애굽 왕은 유다에 쳐들어와서 르호보암이 그토록 힘들여 건축한 유다의 견고한 성읍들을 빼앗고, 솔로몬의 자랑이었던 금방패 등 수많은 보물을 약탈해 갑니다. 그제서야 르호보암은 정신이 들었습니다.

르호보암이 스스로 겸비하였고 유다에 선한 일도 있으므로 여호와께서 노를 돌이키사 다 멸하지 아니하셨더라. 12:12

어떻게 해서든 복을 주고 싶어하시는 하나님의 사랑이 나타납니다. 그러나 존귀해졌을 때 그 자리에 처할 줄 몰랐던 르호보암의 전반적인 통치에 대한 역대하의 평가는 엄중합니다.

르호보암이 악을 행하였으니 이는 그가 여호와를 구하는 마음을 굳게 하지 아니함이었더라. 12:14

PRAYER
기도

하나님 아버지,

저를 존귀하게 해주신 것을 감사드립니다.

하나님을 아버지라 부르도록 허락해 주시고,

저를 하나님의 사람으로 불러 주시고 존귀하게 해주신

주님의 은혜에 감사합니다.

그러나 오늘, 존귀에 처할 줄 몰랐던 르호보암을 보면서

저 또한 존귀에 처할 줄 모르는 자였음을 깨닫습니다.

존귀함이 하나님으로부터 온다는 것을 몰랐고,

하나님이 주신 존귀함을 누릴 줄도 몰랐습니다.

그래서 조금만 높아지면 교만하고, 조금만 낮아지면 의기소침했습니다.

예수님은 그 존귀를 다 버리심으로써

모든 이름 위에 뛰어난 이름을 얻으셨다는 것을 알면서도,

제가 그 길을 따라갈 생각은 하지 않았습니다.

주님, 주님이 주신 존귀함을 누릴 줄 아는 사람으로,

주님이 세워 주신 존귀한 자의 능력을 드러내며 살아가게 하옵소서.

열린 마음으로 듣는 자

유다의 왕위는 르호보암, 아비야, 아사로 이어집니다. 그러니까 아사 왕은 르호보암의 손자입니다. 이 장의 본문 내용은 그가 말씀을 전하는 하나님의 선견자를 옥에 가두고 백성들을 학대했다는 것입니다. 이 부분만 읽으면 '아, 아사왕은 신앙 없는 못된 왕이었구나.'라고 생각하고 넘어갈 수 있을 것입니다.

그러나 아사는 본래 그런 사람이 아니었습니다. 재위 41년 중 본문의 사건이 있기 전까지 35년간을 거의 온전하다고 할 만한 믿음으로 통치했습니다. 왕이 되자마자 온 나라에서 우상을 없앤 것을 시작으로, 할아버지 르호보암과 아버지 아비야 때에 흐트러졌던 나라의 신앙과 기강을 완전히 바로잡은 사람입니다.

그러던 그가 이상해졌습니다. 어떻게 된 일일까요? 하나님의 말씀을 전달하는 선지자를 옥에 가두다니요.

'사람이니까 그럴 수도 있지.' 하고 넘어갈까요? 그러나 아사왕의 지난날이 워낙 탁월했던지라 그렇게 쉽게 지나칠 수가 없습니다. 이 내용이 열왕기상에는 기록되어 있지도 않습니다. 왕상 15장 열왕기상에도 빠져 있던 아사왕의 행적을 역대하는 왜 굳이 캐내어 기록했을까요?

역대하 하나님의 선견자가 아사왕에게 말씀을 전달하는 장면을 두 번 기록하는데, 이 본문은 그 중 두 번째입니다. 두 번째가 훨씬 노골적이긴 하지만, 두 경우 다 그다지 기분 좋게 들을 만한 내용이 아니었습니다. 그러나 첫 번째 선견자의 말씀을 들을 때 아사의 태도는 역대하 16장의 기록과는 판이하게 다릅니다. 무엇이 아사를 이토록 달라지게 만들었을까요?

> ◎ 그때에 선견자 하나니가 유다 왕 아사에게 나와서 그에게 이르되 왕이 아람 왕을 의지하고 왕의 하나님 여호와를 의지하지 아니하였으므로 아람왕의 군대가 왕의 손에서 벗어났나이다 … 여호와의 눈은 온 땅을 두루 감찰하사 전심으로 자기에게 향하는 자들을 위하여 능력을 베푸시나니 이 일은 왕이 망령되이 행하였은즉 이후부터는 왕에게 전쟁이 있으리이다 하매 아사가 노하여 선견자를 옥에 가두었으니 이는 그의 말에 크게 노하였음이며 그때에 아사가 또 백성 중에서 몇 사람을 학대하였더라. 대하 16:7-10

겸손했던 시절, 귀를 기울인 아사왕

아사왕은 재위 10년째 되던 해에 일생일대의 전쟁을 치렀습니다. 전력상 비교가 안 되는 적군이었는데 하나님의 도우심으로 큰 승리를 거두었습니다. 그리고 전쟁터에서 돌아오는 길에, 하나님의 선견자 아사랴가 나타나 아사에게 하나님의 말씀을 전달합니다. 대하 15:1

선견자가, 막 전쟁을 치른 왕이 가는 길을 가로막았습니다. 얼마나 급한 메시지일까요? 그런데 그 내용은 뜻밖에도(!) 긴급한 것이 아니었습니다. 선견자는 과거 이스라엘의 역사 속에서 하나님을 찾지 않아 고난을 겪은 일을 언급하면서, 강력한 신앙 갱신 운동을 전개할 것을 촉구합니다. 15:1-7

아사의 진면모가 보이는 것이 바로 이 대목입니다. 유다의 신앙을 갱신하는 일은 아사가 왕위에 오른 뒤 10년 동안 힘을 기울여 해 온 일이었습니다. 그런데 그렇게 애써 온 일에 대해 칭찬을 받기는커녕, 마치 그 일을 거의 안 해 온 것처럼 지적을 받습니다. 언짢은 일이지요.

그런데 아사는 겸손하게 말씀을 듣습니다. 그리고 이 말씀에 따라 곧힘을 다해 갱신 운동을 펼칩니다. 온 나라에서 우상을 없애고 하나님의 제단을 다시 쌓습니다. 그리고 우상을 만든 할머니를 폐위시켜 버리기까지 합니다(역대하에는 '어머니'라고 되어 있는데, 여기서의 어머니는 할머니라는 뜻입니다). 어떤 과정을 거쳐서 아사가 이렇게 성숙할 수 있었는지는 알 수 없지만, 그는 하나님의 말씀에 순종하는 왕이었습니다. 이렇게 왕이 말씀을 잘 들을 때, 아사왕 35년까지 25년이라는 긴 세월 동안 유다에는 평화가 머물렀습니다. 대하 15:19

'듣는 사람'과 '못 듣는 사람'의 차이

그리고 아사왕 36년 때입니다. 북이스라엘의 왕 바아사가 유다로 넘어가는 이스라엘 백성을 막기 위해 라마라는 성을 건축하려고 시도합니다. 대하 16:1 이에 위협을 느낀 아사는 아람 왕 벤하닷에게 은금을 보내어 이스라엘을 공격할 것을 요청했고, 벤하닷은 그 요청에 응합니다. 이로 인해 라마성 건축이 중단되었고, 아사왕은 라마 건축 자재들을 가져다가 게바와 미스바라는 두 개의 성읍을 건축합니다.

외교적인 득실로만 따진다면, 이 과정을 통해 아사는 상당히 이득을 보았습니다. 아사왕 때 북이스라엘에서 남유다로 내려오는 사람이 많았습니다. 대하 15:9-15 북이스라엘 왕이 그들을 막겠다는 것은 남유다를 향해 시비를 거는 것입니다. 또 라마성을 건축하면 그것이 나중에 남유다를 공격하는 근거지가 될 수도 있지 않겠습니까? 그런데 아사는 자기 힘을 들이지 않고 아람 왕을 통해서 그것을 막은 것입니다. 물론 은금이 들기는 했지만, 두 개의 성을 건축할 정도의 자재를 얻었으니까 손해는 아니었습니다.

그런데 바로 여기에서 하나님의 선견자 하나니가 왕을 책망합니다.

내용은 '왕이 아람 왕을 의지하고 여호와를 의지하지 않았다.' 는 것입니다. 책망은 아주 준엄했습니다. '이후부터는 왕에게 전쟁이 있으리이다.' 라고 앞날의 어려움을 예고하기까지 했습니다.

그래도 여기까지는 괜찮습니다. 사람이 어떻게 일평생 단 한 번도 잘못하지 않을 수 있겠습니까? 그러나 문제는 책망을 들었을 때 어떻게 반응하느냐는 것입니다.

아사왕은 하나님의 말씀을 전하는 하나니를 옥에 가두고, 백성들을 학대합니다. 대하 16:10 앞에서는 듣기 거북한 선견자의 말도 잘 받아들였는데 지금은 왜 이렇게 못 받아들이는 것일까요?

그 차이는 '듣는 사람' 과 '못 듣는 사람' 의 차이입니다. 아사왕은 원래 겸손하게 잘 듣는 사람이었는데, 지금 아사왕은 비판이나 책망을 전혀 못 듣는 사람이 되었습니다.

교만이 귀를 막는다

아사는 어쩌다 이렇게 못 듣는 사람이 되었을까요? 여기서부터 상상력이 필요합니다. 아사의 믿음은 유다의 신앙인들에게 늘 칭찬을 받았을 것입니다. 그렇게 35년이라는 세월이 지났습니다. 35년 동안 칭찬받고 추앙받은 사람, 그의 내면에 어떤 일이 일어났을지 생각해 봅시다.

칭찬의 이면에는 늘 유혹이 있습니다. 이는 인간의 죄성 때문입니다. 칭찬받을수록 자기 자신을 더 돌아보고 더 삼갈 수 있다면 좋겠지만, 인간의 죄성은 칭찬받을수록 더 많은 칭찬을 받으려 합니다. 그래서 처음에는 진실하게 했던 일도 점차 칭찬을 받기 위한 겉치레로 변합니다. 예전에는 전심으로 하나님 앞에 기도했는데, 이제는 기도하는 모습을 보여야 하니까 기도합니다. 예전에는 온 힘을 다해 예배했는데, 이제는 예배의 감격을 보여야 하니까 예배합니다. 예전에는 우상을 보면 하나님의 질투심이 불같이 일어났는데, 이제는 그렇지 않습니다.

이렇듯 눈에 보이지는 않지만 본질적인 변화가 조금씩 일어났을 것입니다. 아사왕은 예전에는 하나님의 음성을 듣는 일에 집중했지만 이제는 조금씩 자신의 생각과 능력으로 일을 처리해 나가기 시작합니다. 그래도 일은 잘됩니다. 일단 나라의 기강이 잡히고 국정 운영의 방향이 잡혔을 테니까, 하나님 앞에 온전히 맡기지 않는다고 해서 금방 큰 일이 생기지 않습니다. 기도하지 않고 자신의 생각으로 해도 계속 형통하니, 자기 생각과 판단을 더 신뢰하게 됩니다. 자신을 신뢰하면 다른 사람의 이야기는 안 듣게 되지요. 게다가 아사의 통치가 전반적으로 선했기 때문에, 문제를 제기하는 신하도 없었을 것입니다.

그러다가 통치 36년째에 이스라엘과 그 일이 벌어진 것입니다. 그 일 자체만 보면, 아사가 신앙을 잃어버렸다는 표시가 나지 않습니다. 우상숭배를 한 것도 아니고, 악한 짓을 한 것도 아니고, 백성들을 착

취한 것도 아닙니다. 아사는 유다 나라의 유익을 위해 국제관계를 잘 이용했고, 결과는 대성공이었습니다. 또한 예배에도 변함없이 충실했습니다.

그러나 하나님은 내면을 보십니다. 아사왕이 한번 실수한 것을 가지고 책망하신 것이 아닙니다. 아사왕이 하나님을 의지하지 않고 자기 생각을 의지하는 사람으로 변한 것을 안타까워하신 하나님이 참다못해 선견자를 보내신 것입니다.

그러나 아사는 이미 자기 생각에 빠져서 책망을 들을 줄 모르는 상태가 되어 있었습니다. 자기 틀이 확고해져서, 그 틀 안에 들어오지 않는 이야기는 들으려고도 하지 않았습니다.

선견자가 아사왕에게 말씀을 전한 두 번의 이야기는 열왕기상에는 기록되어 있지 않습니다. 역대하가 열왕기상에 없는 이 이야기를 찾아내어 기록한 것은, 이것이 이스라엘 역사를 돌아볼 때 뼈에 사무치도록 중요한 내용이었기 때문입니다. 하나님의 말씀을 들음으로써 약속의 땅을 얻고 복된 삶을 살던 이스라엘 민족이 어느덧 하나님의 말씀을 듣지 않게 되어 그 모든 것을 잃었습니다. 나라가 멸망하고, 포로로 잡혀갔다가 이제 포로의 후손들이 고향에 돌아와 삽니다. 따라서 이 실패의 역사를 되풀이하지 말자는 결단이, 그렇게 하면 안 된다는 강한 경고가 이 속에 강하게 배어 있습니다. 아사왕 같은 사람도 하나님의 말씀을 듣지 않았을 때 비참한 결말을 맞이했으니, 지금 하나님 앞에 믿음으로 서 있는 것처럼 보이더라도 방심하지 말고 스스로를 돌아보자는 것이 이 장의 교훈입니다.

◎ 이스라엘아 들으라 우리 하나님 여호와는 오직 유일한 여호와이시니 너는 마음을 다하고 뜻을 다하고 힘을 다하여 네 하나님 여호와를 사랑하라. 신 6:4-5

쉐마의 신앙을 연습하라

'쉐마' 라는 것이 있습니다. 신명기 6장 4-9절을 가리키는데, 유대인들은 아이가 말을 시작하면 이 구절부터 가르치고, 모든 남자는 하루에 두 번 이 구절을 암송하며 종이에 적어서 몸에 지니고 다녔다고 합니다. 그 내용은 오직 한 분이신 여호와 하나님을 향한 절대적인 신앙고백입니다. 이 성경구절의 첫 단어가 바로 '쉐마' 인데, 이는 '듣다' 라는 동사의 명령형입니다. 우리말 개역성경에는 '이스라엘아 들으라' 라고 되어 있지만, 원어의 순서를 그대로 따르면 '들으라 이스라엘아' 가 됩니다.

예수님은 여러 차례 "귀 있는 자는 들으라." 마 11:15고 말씀하셨습니다. 참 이상한 것은, 당대의 지도자라 할 만한 사람들은 예수님의 말씀을 듣지 않았고 미련하고 어리석어 보이는 사람들은 그 말씀을 들었다는 것입니다. 마 11:25 즉, 하나님의 말씀을 '듣는다' 는 것은 일반적인 이해력을 말하는 것이 아니라, 받아들이려는 마음 자세를 말합니다.

예수님이 떡 다섯 개와 물고기 두 마리로 오천 명이나 되는 많은 사람들을 먹이셨을 때 일어난 일입니다. 그 다음날 모여온 사람들을 향해 예수님은 육신의 떡이 아니라 영의 양식이 진정으로 중요하다고 말씀하셨습니다. 그러나 대부분의 사람들은 그 말씀을 듣지 않습니다.

> 제자 중 여럿이 듣고 말하되 이 말씀은 어렵도다 누가 들을 수 있느냐 한대 … 그때부터 그의 제자 중에서 많은 사람이 떠나가고 다시 그와 함께 다니지 아니하더라. 요 6:60, 66

반면에 베드로를 비롯한 제자들은 예수님의 말씀을 알아듣고 예수님 곁에 남았습니다. 요 6:68 베드로는 특별히 머리가 좋은 사람이 아닙니다. 다른 사람들이 못 알아듣는 것을 탁월한 지성으로 알아듣는 그런 사람이 아닙니다. 그런데 왜 그렇게 많은 사람들이 알아듣지 못 했을까요? 그것은 자신들이 생각하는 방향과 예수님이 말씀하시는 방향이 달랐기 때문입니다. 그들은 이스라엘 민족의 회복을 생각하고 예수님이 그 지도자가 되기를 바랐지만, 예수님은 그런 정치적인 문제가 아니라 영원한 생명을 말씀하셨습니다. 그러니까 예수님의 말 자체가 어려운 것이 아니라, 그들이 생각의 방향을 바꾸는 것이 어려웠다고 말하는 것이 더 정확하겠습니다.

듣는 자는 위력을 발휘한다

사도들이 이끄는 예루살렘 교회가 나날이 커져 갈 때 일입니다. 교회의 구제사업 중에 특별히 과부들에 대한 구제가 있었습니다. 그런데 이런 일이 일어났습니다.

> 그때에 제자가 더 많아졌는데 헬라파 유대인들이 자기의 과부들이 매일의 구제에 빠지므로 히브리파 사람을 원망하니. 행 6:1

헬라파 유대인이란 다른 나라에 살면서 헬라 문화에 익숙해진 유대인으로서 예루살렘에 돌아온 이들이고, 히브리파는 태어나서부터 계속 이스라엘 땅에 살아온 이들입니다. 예수님의 제자였던 사도들은 어느 쪽일까요? 말할 것도 없이 히브리파입니다. 그러니까 교회의 주도권은 아마도 히브리파에게 있었을 것입니다.

사도들이 이 원망의 말을 들었습니다. 어떻게 할까요? 당시 교회의 상황으로 미루어 볼 때 일부러 헬라파 과부들을 빼놓지는 않았을 듯합니다. 어떤 행정적인 잘못이 있었을 것입니다. 따라서 헬라파 교인들에게 그 사정을 설명하고 구제 절차를 시정할 수도 있었습니다. 혹은 거꾸로 화를 낼 수도 있었습니다. 일부러 빠뜨린 것도 아닌데 왜 그리 원망하느냐고, 그런 원망으로 교회를 어지럽히지 말고 시정할 테니 기다리라고 말입니다. 이때 구제사업은 사도들이 직접 진두지휘하고 있었습니다. 그러니 원망은 다름 아닌 사도들을 향한 원망이었습니다. 당연히 듣기 거북했을 것입니다.

그러나 당시 사도들은 '듣는' 사람들이었습니다. 그들은 헬라파의 원망을 열린 마음으로 들으며 이 일이 단순한 행정적 실수가 아님을 알게 되었습니다. 교회는 커졌는데 그에 걸맞는 시스템을 갖추지 못했던 것입니다. 그래서 바로 자신들의 잘못을 인정합니다.

> 사도인 우리가 직접 구제해 온 것이 잘못이었으니 우리는 이 일을 다른 이들에게 맡기고 말씀과 기도에만 전념하겠습니다. 행 6:2-4 요약

그리고 이런 잘못을 하지 않을 만한 충실한 사람 일곱 명을 세우는 조직 개편을 단행합니다. 그리고 놀라운 일이 일어났습니다.

> 하나님의 말씀이 점점 왕성하여 예루살렘에 있는 제자의 수가 더 심히 많아지고 허다한 제사장의 무리도 이 도에 복종하니라. 행 6:7

사실 복음서에서 예수님이 제자들을 대하시는 모습을 보면, 칭찬보다는 책망이 많았습니다. '믿음이 적은 자들아' 라는 말을 얼마나 자주 하셨는지요. 마 6:30, 8:26, 14:31, 16:8, 17:20 베드로에게는 '사탄아' 라고 부르기까지 하셨습니다. 마 16:23 그러나 제자들은 예수님의 책망을 통해 '듣는 자' 로 자라났고, 교회의 지도자가 되었을 때 위력을 발

휘했습니다.

비판을 통해 성장해라

《칭찬은 고래도 춤추게 한다》라는 책이 있습니다. 우리는 칭찬을 통해 서로 격려하고 세워 주어야 합니다. 그러나 한번 더 생각해 봅시다. 고래는 사람들 앞에서 춤추고 칭찬받기 위해 태어난 존재입니까? 아닙니다. 고래는 넓은 바다를 마음껏 헤엄쳐 다니는 존재입니다. 그런데 칭찬 때문에 자기가 있어야 할 넓은 바다를 잊어버리고 좁은 수영장에 만족하고 산다면, 그 칭찬은 고래의 삶을 왜곡시키는 것입니다. 그러니 칭찬도 칭찬 나름입니다. 꿈을 키워 주고 틀을 넓혀 주는 칭찬도 있지만, 작은 것에 만족하여 순응하는 사람으로 만들어 가는 칭찬이 훨씬 더 많기 때문입니다.

그리고 칭찬만 주로 받아온 사람은 비판을 듣기 힘들어 합니다. 그 대표적인 경우로 목사인 저 자신을 돌아봅니다. 목사는 자기 설교에 대한 비판을 잘 받아들이지 못합니다. 다른 목사님들은 어떨지 모르겠지만, 저는 제 설교에 대한 비판을 잘 못 듣습니다. 지금까지 제 설교를 적극적으로 비판해 온 사람은 '단 한 사람' 입니다만, 그 한 사람의 애정어린 비판도 참 듣기 거북합니다. 물론 '하나님의 말씀' 은 비판할 수 없지만, 목사가 그 말씀을 효율적으로 잘 전달했는지에 대해서는 엄중하게 물어야 마땅합니다. 지금 돌아보면, 수많은 칭찬보다도 그 한 사람의 비판이 제 성장에 큰 도움을 주었습니다.

어디 목사만 그렇겠습니까? 교회에 오래 다닌 사람일수록, 기도를 많이 하는 사람일수록 다른 사람의 말을 잘 듣지 않는 경우가 많습니다. 권위를 인정받는 자리에 올라갈수록 비판과 책망을 듣지 않게 됩니다. 더 심각한 문제는 본인은 그 사실을 모른다는 것입니다.

아사왕이 하나님의 사람의 책망을 무시한 것이 언제입니까? 즉위한 지 36년째 되던 때였습니다. 선정을 베푸는 좋은 왕이었지만, 국내 정치와 외교 문제에 이르기까지 상당한 식견을 갖춘 전문가라고 스스로 자부하는 순간, 하나님의 말씀조차 듣지 않는 사람이 된 것입니다.

우리도 그렇습니다. 자신이 잘 모르는 분야에 관해서는 잘 듣습니다. 문제는 자신이 잘 알고, 잘하는 분야입니다. '내가 지금 잘하는 분야는 무엇인가? 그 분야에서 다른 사람의 비판이나 책망을 들어 본 때가 언제인가? 책망을 들을 때 내 감정과 반응은 어땠는가?' 이렇게 질문하며 스스로를 돌아보아야 합니다. 그렇지 않으면 예수님을 믿는 마음은 변함없어도, 듣지 않는 그 좁은 마음으로 인해 복음의 확장을 가로막을 수 있습니다. 사업도 마찬가지입니다. 틀 안에 갇혀 있다가 변화하는 시대에 적응하지 못하고 도태될 수 있습니다. 따라서 자신에게 '듣는 마음'이 있는지 계속 돌아보아야 합니다.

우리는 구원의 진리를 비판하는 말에 대해서는 칼 같은 고집을 세우되, 그 외에는 열린 마음으로 들어야 합니다. 그리고 그런 사람이 지도자로 서는 공동체는 참으로 행복할 것입니다. 우리가 속한 나라, 교회, 회사, 가정의 지도자가 그런 사람이 될 수 있기를 기도합니다.

••• 역대하 한눈에 보기

역대하 13-16장

13장

13장은 아비야왕에 관한 내용입니다. 열왕기상은 그를 악한 왕으로 기록하는데 반해 왕상 15:3 역대하는 그의 악한 면을 기록하지 않습니다. 역대하는 아비야의 통치에 대해, 그와 북이스라엘의 여로보암왕 사이에 있었던 한 번의 전쟁 이야기만 전합니다.

아비야는 군사 40만을 동원했고, 여로보암은 80만을 동원했습니다. 13:3 이 전쟁에서는 숫자뿐 아니라 전술적으로도 여로보암이 압도적이었던 것으로 보입니다. 여로보암은 상대가 생각지도 않았던 복병 작전을 썼습니다. 13:13 그런데도 승리한 것은 아비야가 이끄는 유다입니다.

전쟁에서 승리할 수 있었던 것은 여호와께 의지하는 사람들, 좀 더 구체적으로 말하면 급박한 상황에서 하나님을 향해 부르짖어 기도하는 사람들이 있었기 때문입니다. 르호보암과 아비야 때에 관한 열왕기상 기록을 보면, 왕을 비롯한 유다의 신앙 상태는 별로 좋지 않았습니다. 왕상 14:22-24, 15:3 아비야는 입으로는 신앙을 이야기하지만 대하 13:4-12 실제 삶은 그렇지 못했습니다. 그럼에도 그 가운데 있었던 소수, 즉 하나님께 부르짖는 사람들의 기도를 하나님은 들으셨습니다.

14-16장

구스 사람 세라가 100만 대군과 병거 300대라는 감당 못할 병력으로 유다를 침략해 왔습니다. 대하 14:9 아사왕이 군대를 이끌고 나가서 침략군과 마주섭니다. 사실 아사의 군대도 58만이고 훈련이 매우 잘된 상태였기 때문에 만만치는 않았습니다. 14:8

나라의 운명을 건 큰 전쟁입니다. 아사왕은 하나님 앞에 간절히 부르짖었습니다. 그 기도의 내용을 보면, 전쟁을 준비한 사람의 사기충천한 기도가 아닙니다. 하나님의 도우심 말고는 길이 없는, 약자의 기도입니다. 14:11

'내가 할 테니 도와주십시오.' 가 아니라 '주님만 의지합니다.' 라고 기도한 것이 핵심입니다. 아사 자신도 최선의 준비를 했지만 오직 하나님만 의지하면서 기도했습니다. 자신이 아무리 열심히 준비해도, 하나님이 함께하실 때에만 의미가 있다는 것을 알기 때문입니다. 그리고 이겼습니다.

여기서 주목할 것은, 전쟁의 주어가 하나님이라는 것입니다.

여호와께서 구스 사람들을 아사와 유다 사람들 앞에서 치시니 구스 사람들이 도망하는지라. 대하 14:12

이렇게 간구하는 믿음을 지닌 아사왕은 듣는 자이기도 했습니다. 아사왕이 이 전쟁 직후에 하나님의 말씀을 얼마나 잘 들었는지에 관해서는 위에서 살펴보았습니다.

그러던 아사왕이 하나님의 선견자의 비판도 듣지 않는 사람이 되었습니다.

성경은 듣지 않는 자가 된 아사가 간구하는 자리에서도 떠났다는 사실을 분명히 보여 줍니다. 아사왕은 즉위 39년째에 발에 심한 병이 들었는데, 하나님께 구하지 않고 의원들에만 찾다가 결국 2년 만에 세상을 떠나고 말았습니다.

PRAYER
기도

하나님,

귀를 열어 주옵소서.

아무것도 아닌 말을 듣고도 상처 받았다고 하는

제 좁은 마음, 닫힌 귀를 돌아봅니다.

목이 곧아지지 않게 하사,

겸손히 숙여 충고와 비판을 받아들이게 하옵소서.

권위 있는 자리에 처할수록 잘 듣는 사람이 되게 하옵소서.

듣지 않음으로 인해

저 자신이 바로 성장과 부흥의 장애물이 되어 있는 것을 봅니다.

돌이켜 듣는 자가 되게 하옵소서.

잘 들음으로써 제 삶이 확장되게 하시고,

주님의 나라를 확장하는 데 쓰임받게 하옵소서.

말씀의 능력을 아는 자

여호사밧이 왕이 되었을 때, 유다의 신앙 상태는 어땠을까요? 그 아버지인 아사왕 때, 겉으로 보이는 왕과 백성들의 신앙생활은 그다지 문제가 없었을 것입니다. 아사는 우상을 철저하게 근절시킨 바 있고, 백성들이 다시 우상숭배를 했다는 기록은 없기 때문입니다. 그러나 아사는 말년에 신앙의 중심을 잃어버렸습니다. 하나님의 말씀을 들으려 하지 않고 간구하려 하지도 않았습니다. 그것이 어찌 백성들에게 영향을 미치지 않았겠습니까? 우상숭배가 횡행하지는 않지만 신앙의 열정은 없는, 미지근한 상태였을 것입니다.

그런 가운데 여호사밧이 왕이 되었고 3년이 지났습니다. 이제 왕권이 확립될 만한 시기입니다. 이때에 무엇을 해야 할까요? 답은 언제나 같습니다. 신앙의 부흥을 일구는 것입니다.

신앙의 부흥을 위해서는 무엇을 해야 할까요? 여기에서 여호사밧이 붙잡은 것이 '백성들에게 율법을 가르쳐야겠다' 는 것입니다. 여호사밧이 어떻게 이런 생각에 이르렀는지는 모릅니다. 주변에 좋은 참모가 있었을 수도 있고, 혼자 기도하며 고민하다가 얻은 결론일 수도 있습니다. 어쨌든 쉽게 얻은 결론은 아닐 것입니다.

여호사밧이 심사숙고했다는 사실이 잘 드러나는 부분이 바로 조직 구성입니다. 방백 5명, 레위인 9명, 제사장 2명. 제사장은 율법을 해석하는 권위를 지닌 사람들입니다. 레위인들은 말씀을 가르치는 실무에 능한 사람들일 것입니다. 그리고 방백들은 말씀을 가르치는 일보다는 일상생활과 행정적인 처리를 담당했을 것입니다. 이 조직만 보아도 대충 보낸 팀이 아님을 알 수 있습니다.

역대하가 "왕이 여러 신하와 레위인과 제사장들을 보내 율법을 가르치게 했다." 라고 두루뭉술하게 기록하지 않고 구체적인 명단을 기록하고 있다는 점도 인상적입니다. 다윗 왕에 관한 기록에는 사람들의 명단이 수시로 나옵니다. 그런데 신앙의 역사를 담아내는 그런 명단은 솔로몬, 르호보암, 아비야, 아사까지 4대를 거치는 동안 나온 적이 없습니다. 각 왕이 건축한 성읍들의 목록은 자주 나왔지만, 신앙적으로 중요한 일을 함께했던 사람들의 명단은 없었습니다. 그럴 만한 신앙적인 역사가 없었다는 것이지요. 그에 비해, 여호사밧이 백성들에게 말씀을 가르치기 위해 취한 이 조치는 파송 받은 사람들의 세세한 이름까지 기록할 만한 사건입니다.

◎ 그가 왕위에 있은 지 삼 년에 그의 방백들 벤하일과 오바댜와 스가랴와 느다넬과 미가야를 보내어 유다 여러 성읍에 가서 가르치게 하고 또 그들과 함께 레위 사람 스마야와 느다냐와 스바댜와 아사헬과 스미라못과 여호나단과 아도니야와 도비야와 도바도니야 등 레위 사람들을 보내고 또 저희와 함께 제사장 엘리사마와 여호람을 보내었더니 그들이 여호와의 율법책을 가지고 유다에서 가르치되 그 모든 유다 성읍들로 두루 다니며 백성들을 가르쳤더라. 대하 17:7-9

여호사밧이 예루살렘에 살더니 다시 나가서 브엘세바에서부터 에브라임 산지까지 민간에 두루 다니며 그들을 그들의 조상들의 하나님 여호와께로 돌아오게 하고. 대하 19:4

상상을 초월하는 말씀의 능력

역대하의 첫 독자들인 포로 후기 백성들을 생각해 봅니다. 그들은 포로생활 동안 무엇으로 신앙을 지켰겠습니까? 유다가 멸망하기 전, 신앙의 중심은 성전과 성전의 제사였습니다. 그러나 성전도 없고 제사도 드릴 수 없는 땅에서 무엇으로 신앙을 지켰겠습니까? 바로 하나님의 말씀입니다. 바벨론은 강대국입니다. 유다에 비해 발전한 나라입니다. 그 나라에 포로로 잡혀와 낳은 자손들, 유다 땅은 본 적도 없는 자손들, 그들이 바벨론에 동화되지 않고 유다 백성으로서 신앙을 지킬 수 있었던 힘은 바로 말씀에서 나왔습니다. 그래서 역대하는 열왕기상에는 기록되지 않은 이 내용을 발굴하여 기록한 것입니다.

17장 10절의 "백성들을 가르쳤더라." 는 말씀 바로 뒤에는 이런 내용이 나옵니다.

> 여호와께서 유다 사방의 모든 나라에 두려움을 주사 여호사밧과 싸우지 못하게 하시매 블레셋 사람들 중에서는 여호사밧에게 예물을 드리며 은으로 조공을 바쳤고 아라비아 사람들도 짐승 떼 곧 숫양 칠천칠백 마리와 숫염소 칠천칠백 마리를 드렸더라. 대하 17:11-12

여호사밧은 블레셋을 위협하거나 침공하지 않았습니다. 아라비아도 마찬가지입니다. 그런데 하나님이 그들에게 두려움을 주시니, 그들이 유다와 싸우지 않을 뿐 아니라 많은 예물까지 들고 옵니다. 여호사밧이 백성에게 말씀을 가르쳤다는 것과 이웃 나라들이 머리를 숙였다는 것, 이 둘 사이에 어떤 연관성이 있습니까? 백성에게 말씀을 가르쳤더니 이웃 나라들이 복속했습니다. 말씀이라는 인풋 input이 있자 주변 나라들의 복속이라는 아웃풋 output이 나왔습니다. 이것이 말씀의 능력입니다. 여호사밧이 이웃 나라들의 이런 반응까지 예측하지는 못했겠지만, 그는 분명 말씀의 능력을 아는 사람이었습니다.

그런데 18장을 보면, 그토록 훌륭한 왕인 여호사밧이 잘못한 일이

한 가지 나옵니다. 그것은 북이스라엘의 악한 왕 아합의 딸을 며느리로 맞아들이고 아합과 더불어 전쟁에 나설 정도로 가까이 교제했다는 것입니다. 자신의 다음 대에 왕비가 될 여인을 신앙 없는 집안에서 데려오다니, 여호사밧의 인생에 오점을 찍는 일입니다. 이에 대해 하나님의 선견자가 나서서 여호사밧을 책망합니다.

> 왕이 악한 자를 돕고 여호와를 미워하는 자들을 사랑하는 것이 옳으니이까 그러므로 여호와께로부터 진노하심이 왕에게 임하리이다. 대하 19:2

여호사밧은 선견자의 책망에 어떻게 반응했을까요? 그 반응이 19장 4절에 나옵니다. 여호사밧은 유다 나라의 구석구석까지 직접 다니면서 백성들을 하나님의 말씀으로 이끌기 위해 힘을 다했습니다.

그런데 한 가지 아쉬운 점은 선견자가 비판한 바로 그 일은 시정하지 않았다는 것입니다. 이는 여호사밧왕의 아킬레스건 같은 부분이라 할 수 있는데, 여호사밧은 이때뿐 아니라 말년에도 비슷한 잘못을 저지릅니다. 한 민족인 북이스라엘을 향한 깊은 애정 때문이었을까요? 그러나 선견자의 책망을 겸손히 받아들이면서 온 나라의 신앙 부흥을 위해 노력하는 모습은 참 귀합니다. 그로 인해 역대하 20장에서 여호사밧은 하나님의 놀라운 역사를 다시 한번 경험합니다.

☺ 또 마술을 행하던 많은 사람이 그 책을 모아 가지고 와서 모든 사람 앞에서 불사르니 그 책 값을 계산한즉 은 오만이나 되더라 이와 같이 주의 말씀이 힘이 있어 흥왕하여 세력을 얻으니라. 행 19:19

말씀을 심으면 부흥이 온다

위에서 상식으로는 이해 안 되는 인과관계를 보았습니다. 여호사밧 왕이 백성들을 말씀으로 인도하는 데 정진했더니, 주변 나라들이 자발적으로 유다에 복속하여 조공을 바쳤다는 것입니다. 원인과 결과의 이런 조합을 성경에서 또 찾아볼 수 있다면, '말씀의 인풋을 넣으면 상상 못할 아웃풋이 나온다.' 라고 좀 더 일반화시킬 수 있을 것입니다.

역대하가 기록된 때와 거의 동시대 사람인 느헤미야의 이야기입니다. 포로들이 고향으로 돌아오는 일은 세 번에 걸쳐 진행되었는데, 느헤미야는 그 중 제3차 포로귀환의 지도자였습니다. 제1차 포로귀환 B.C. 538년의 목표는 성전 건축이었습니다. 그리고 제3차 귀환 B.C. 445 때는 성전이 이미 건축되었고 무너진 성벽을 재건하는 것이 문제였습니다. 그리고 느헤미야는 어려운 여건 속에서도 단시간 내에 성벽을 완공하는 리더십을 발휘합니다. 느6장

그러나 성벽을 세우는 것보다 더 중요하고 어려운 문제들이 남았습니다. 그 중에서도 가장 해결하기 어려운 문제는 예루살렘 성이 황폐

하고 거주하는 사람이 별로 없다는 것이었습니다. 느7:4 성벽 없는 긴 세월 동안 침략을 많이 당했기 때문입니다. 그러니 성벽을 세웠다고 해서 성 안이 갑자기 융성해질 리 없습니다. 이 문제를 어떻게 해결해야 할까요? 예루살렘으로 이주할 사람을 공모할까요? 다른 도시에 사는 사람 중 예루살렘에 살 사람들을 지명할까요?

어느 것도 쉽지 않습니다. 당시는 대부분이 농사를 지으며 살았습니다. 그것도 간신히 먹고 살 만한 농사였습니다. 그런데 그나마 지금 농사짓던 밭을 버리고 황무지를 새로 개간해야 하는 예루살렘에 가서 살라는 것은 요구하고 명령할 수 있는 일이 아닙니다.

그런데 느헤미야 11장에 가면, 사람들이 제비 뽑아 예루살렘에 들어갈 사람을 정할 뿐 아니라 서로 앞 다투어 들어가겠다고 자원하고, 들어가는 사람들에게 복을 비는 기적 같은 일이 벌어집니다. 7장과 11장, 그 사이에 무슨 일이 있었을까요?

그것은 바로 백성들에게 말씀을 심어 준 일이었습니다. 느헤미야 8장을 보면 이스라엘의 신년 집회가 열립니다(이스라엘은 7월에 새해가 시작됩니다). 정기 집회였지만 느헤미야는 이 집회를 특별히 치밀하게 준비했습니다. 에스라가 말씀을 전하고, 레위인들이 백성들 사이사이에서 말씀을 해설했습니다. 그 집회에서 백성들은 말씀을 듣고 감격해 눈물을 흘렸고 느8:9, 스스로 금식하며, 회개 운동이 일어났습니다. 느9장 입으로 회개할 뿐 아니라, 회개한 이후에 어떻게 살 것인가를 결단하여 문서를 만들고 도장까지 찍었습니다. 9:38 성경을 잘 읽어 보면, 이 회개와 결단은 느헤미야나 에스라가 시킨 것이 아니라 백성들이 자발적으로 한 것을 알 수 있습니다. 성경은 도장 찍은 사람들의 명단을 기록하는 데 느헤미야 10장이라는 많은 부분을 할애하고, 결단의 내용도 상세하게 기록합니다.

그러고 나서 11장에서는 백성들이 자발적으로, 앞 다투어 그 황량한 예루살렘으로 향하는 장면이 펼쳐집니다. 느헤미야의 준비를 힘입어 에스라가 말씀을 전하자 회개와 결단, 예루살렘으로의 헌신이라는 아웃풋이 나온 것입니다. 예루살렘 성의 부흥은 '말씀의 능력'을 통해 일사천리로 이루어졌습니다.

말씀을 심으면 기적이 일어난다

사도행전 19장은 사도 바울이 에베소에서 전도하는 내용을 다룹니다. 사도 바울이 전도여행을 다니던 당시, 에베소는 마술의 중심지였습니다. 그런데 에베소에서 수많은 사람들이 마술책을 다 가지고 나와 불태워 버리는 역사가 일어났습니다.

교인들이 불태운 것이 아니라, 마술하던 사람들이 불태웠습니다. 그런데 불태운 사건 뒤에 덧붙은 해석이 더 의미심장합니다. 이 사건의 의미는 다름 아니라 주의 말씀이 흥왕하여 세력을 얻었다는 것입니다!

이것을 이해하려면 앞의 내용을 잘 살펴야 합니다. 바울은 에베소에 이르기 전에 많은 도시에서 전도했지만, 에베소에 와서는 새로운 전도 방법을 사용했습니다. 소수의 에베소 교인들과 2년 동안 매일 두란노서원이라는 곳에서 말씀을 공부한 것입니다. 19:10 바울은 이전까지 고린도에 1년 반 머무르면서 말씀을 가르친 것 행 18:11 외에는 한 도시에 그렇게 오래 머무른 적이 없습니다. 고린도에서도 매일 일정한 장소에서 말씀을 가르치지는 않았습니다. 그런데 이번에 바울은 말씀의 인풋을 넣되 아주 집중적으로 강력하게 넣었습니다.

어떤 아웃풋이 나왔을지 기대가 되지 않습니까? 말씀이 온 사방으로 퍼져나가 고19:10 말씀과 더불어 기적이 나타나 고19:11-16 믿지 않던 사람들이 주 예수의 이름을 높이 고19:17 대충 믿던 사람들이 주님 앞에 나아와 회개하는 19:18 일들이 일어났습니다. 이러한 말씀의 능력 앞에서, 마술의 무의미함과 악함을 깨달은 사람들이 마술책을 모아 불태워 버린 것입니다. 그 사람들로서는 이 마술책이 이익의 수단이고 생계 수단이기도 했을 것입니다. 그런데 교회에서 말씀을 가르치고 배우며 그 말씀의 능력이 드러나자 이런 일까지 일어났습니다. 놀라운 기적입니다. 따라서 이 마술책 사건에 대해 성경은 "이와 같이 주의 말씀이 힘이 있어 흥왕하여 세력을 얻으니라." 고 해석한 것입니다.

요한복음에서는 예수님을 '로고스' (말씀)라고 표현합니다. 예수님 자신이 말씀이시고, 이 땅에 계실 때 말씀을 주셨습니다. 예수님의 은혜, 예수님의 능력은 말씀을 통해 전해지고 말씀을 통해 드러납니다. 말씀의 인풋에 따라 어떤 아웃풋이 나올지는 상상하기 어렵습니다. 역대하의 여호사밧도, 느헤미야도, 사도행전의 바울도 그런 아웃풋이 나올 것이라고 예측하거나 기대하지는 못했을 것입니다. 말씀의 인풋에 따른 아웃풋은 언제나 상상을 뛰어넘습니다.

인풋과 아웃풋의 영성

바라는 것을 얻으려면 행동을 해야 합니다. 즉, 아웃풋을 얻기 위해서는 적절한 인풋이 있어야 합니다. 그리고 열심히 인풋을 넣는 것보다 중요한 것은 정확히 넣는 것입니다. 인풋과 아웃풋의 관계가 명확하게 보이는 경우는 별로 고민할 것이 없지만 우리 삶에는 그렇지 않은 경우가 많습니다. 애는 많이 썼지만 바라는 결과를 얻지 못하는 경우가 비일비재하지요. 물건을 열심히 만들어 납품했는데 거부당하기도 하고, 공부를 열심히 했는데 대학 진학에 실패하기도 합니다. 또 설교를 열심히 준비했는데 청중은 반응이 없고 졸기도 합니다.

이것은 인풋과 아웃풋 사이의 함수를 몰라서 일어나는 일들입니다. 무엇이 청중의 마음을 사로잡는지 모르고, 대학이 어떤 학생을 원하는지 모르고, 상대 회사가 어떤 기준으로 물건을 평가하는지 모르기 때문에 열심히 했음에도 실패하는 것입니다.

사람마다 인생관이 전부 다릅니다. 하지만 모든 사람이 공통적으로 원하는 건 '탁월함' 아닐까요? 우리는 대부분 탁월해지고 싶어합니다. 능력, 지혜, 성격, 선함, 기쁨, 관계, 영향력, 전도, 사역, 믿음과 기도, 우리는 어떤 영역에서든 탁월한 사람이 되고 싶어합니다.

탁월함이라는 아웃풋을 얻기 위해 가장 필요한 것은 바로 하나님의 말씀입니다. 말씀을 통해 하나님이 무엇을 원하시는지를 알아야 합니다. 물론 하나님의 말씀 안에도 여러 측면이 있습니다. 어떤 말씀은 인내하라고 하고 어떤 말씀은 곧바로 행동하라고 합니다. 어떤 말씀은 믿음이 중요하다고 하고, 어떤 말씀은 행함 없는 믿음은 죽은 믿음이라고 합니다. 예수님은 어떤 사람에게는 당장 따라오라고 하시고, 어떤 사람에게는 가족들과 함께 머무르라고 하십니다. 이런 말씀들 중에 오늘 나는 어떤 것을 받아들여야 할까요? 참 쉽지 않은 선택입니다.

이 고민을 단숨에 해결하는 길은 말씀뿐입니다. 성경 말씀도 각 부분에 따라 강조하는 바가 다른데, 그 강조점을 균형 있게 받아들이고 오늘 내가 해야 할 일을 깨닫기 위해서는 시간이 절대적으로 필요합니다. 한번 말씀을 펴서 읽고 인생의 전환점을 맞이하는 일은 수백 년에 한 번 있을 만한 일입니다.

물론 어느 날 한 번 들은 설교 말씀이 인생의 방향을 완전히 바꾸어 놓을 수도 있습니다. 그러나 우리는 악하고 약한 존재입니다. 충격적인 말씀의 능력을 경험했다 하더라도, 말씀을 지속적으로 접하지 않으면 그 효과는 얼마 안 갑니다. 말씀의 인풋을 넣는 것은 시간과 정성이 필요한 일입니다.

그런데 바로 이것이 우리 삶에 말씀의 인풋이 부족한 큰 이유가 됩니다. 성급한 우리는 인풋에 대한 아웃풋을 바로 보고 싶어하는데, 말씀은 그렇지 않기 때문입니다. 매일 성경을 읽기 시작해서 한 달이 지났다고 해서 인생이 달라지지 않습니다. 갑자기 돈을 버는 것도 아니고 인간관계가 좋아지는 것도 아닙니다. 그러다가 본인이 원하는 탁월함이라는 아웃풋을 얻기 위해, 즉각 효과를 볼 만한 일들에 더 많은 힘을 쏟게 됩니다. 그러다 보니 말씀의 능력을 경험하지 못합니다. 돈의 능력은 알고 권력의 능력도 알고 학벌의 능력도 알고 인간관계의 능력도 아는데, 말씀의 능력은 모릅니다.

그러나 말씀의 능력은 내 상상을 뛰어넘습니다. 말씀의 인풋을 삶에 제대로 가할 때, 여호사밧과 느헤미야와 바울처럼 상상도 못한 기적이 일어납니다. 이 진리, 말씀의 능력을 바로 아는 사람이 되기 위해 하나님 말씀을 늘 가까이 하는 삶을 사는 우리가 되길 기도합니다.

··· 역대하 한눈에 보기

역대하 17-20장

17장

여호사밧은 왕위에 오르자마자 전심으로 하나님의 뜻을 따랐습니다. 오직 하나님께만 구했고, 산당과 우상들을 온 유다 땅에서 제거했습니다. 그런 그에게 백성들이 자발적으로 나아와 예물을 드리기도 했습니다. 17:1-6 온 나라가 안정을 찾은 즉위 3년째, 이제 바깥으로 나라의 힘을 뻗치거나 무엇인가 새롭고 강한 것을 욕심낼 만합니다. 그러나 바로 이 시점에서 여호사밧은 백성에게 말씀을 가르치는 일에 힘을 쏟습니다.

그가 이렇게 말씀에 힘을 쏟았을 때, 주변 나라들이 유다에 자발적으로 조공을 바쳤습니다. 그뿐 아니라 여호사밧은 각종 건축도 성공적으로 이루었고, 많은 군대까지 양성할 수 있었습니다. 17:12-18

18-19장

그러나 여호사밧에게도 잘못이 있었습니다. 믿음 없는 북이스라엘의 왕가와 혼인관계를 맺을 뿐 아니라 전쟁에 함께 나갈 정도로 친하게 교제한 것입니다. 18장 이것은 나중에 심각한 결과를 가져오고 맙니다.

이것을 미리 막지는 못했으나, 그래도 여호사밧은 이를 책망한 선견자의 말을 듣고 다시금 온 나라를 말씀으로 세우는 데 전력을 기울입니다. 말씀의 능력을 아는 사람다운 모습입니다. 19장

20장

모압과 암몬 사람들이 강력한 연합군을 이루어 여호사밧을 치러 옵니다. 이에 여호사밧은 하나님께 간구하면서 온 백성에게 금식을 선포했습니다. 20:3 그때 하나님의 말씀이 레위인 야하시엘을 통해 전달되었고, 이것을 믿은 여호사밧은 이 두려운 적군 앞에서 참으로 담대하게 행동합니다. 군대 앞에 성가대를 세운 것입니다.

두 나라의 군대가 서슬 퍼렇게 대치하고 있는데, 예복을 입은 성가대가 나와서 이렇게 찬송합니다. "여호와께 감사하세 그의 인자하심이 영원하도다." 20:21 '하나님께 의지하세' 도, '하나님께 간구하세' 도, '하나님은 강한 왕이시다' 도 아니고 하나님의 인자하심이 영원하시기 때문에 하나님께 감사한다고 찬양했습니다. 하나님의 사람을 통해 전달된 말씀을 믿기 때문에 가능한 일입니다.

이때 적군에 내분이 일어나 적군끼리 서로 죽이기 시작했습니다. 그래서 유다는 아무 힘도 들이지 않고 이 위기를 벗어났을 뿐 아니라 많은 전리품까지 얻습니다. 그리고 이제 이 전쟁으로 인해 주변 모든 국가가 하나님을 두려워하게 되어, 여호사밧이 다스리는 동안 유다 나라는 태평했습니다.

여호사밧의 통치에 관한 마지막 기록은 앞에서 행했던 잘못을 되풀이하는 것입니다. 즉, 여호사밧은 이스라엘의 악한 왕 아하시야와 교제합니다. 이를 안타깝게 여기신 하나님이 그 교제를 막으십니다. 20:35-37 그리고 여호사밧은 계속 교제를 원하는 이스라엘 왕의 요청을 거절합니다. 왕상 22:49 이것은 말씀의 능력을 아는 사람만이 내릴 수 있는 결단입니다.

PRAYER
기도

하나님,
하루를 살면서 제 입술에는 하나님의 말씀이 없었습니다.
말씀 읽기를 귀찮아했습니다.
듣는 것도 지겨워했습니다.
제 인생 길을 열어 가기 위한
인간적인 수단에 관해서는 깊이 생각하면서도,
말씀을 앞에 놓고 깊이 생각한 적이 있었는지
기억도 나지 않습니다.
그래서 제 삶에 말씀의 능력이 없고
말씀으로 인한 기적이 없었음을 이제 깨닫습니다.
주님, 당장의 성과를 바라는 성급함을 넘어서,
매일 제 삶에 말씀의 인풋을 넣을 수 있게 해주옵소서.
말씀의 능력을 아는 지식이 게으름을 이기게 해주옵소서.
제 힘으로는 얻을 수 없는 주님 안에서의 탁월함을
말씀의 능력을 통해 얻을 수 있기를 구합니다.
말씀의 능력을 아는 자로 살아가게 하옵소서.

거슬러 올라가는 자

거슬러 올라가는 것은 힘든 일 같지만, 물고기를 생각하면 거슬러 올라가는 것이 정방향입니다. 이것을 '양(+)의 주류성' 이라고 부릅니다. 거슬러 올라가야 물에 대한 새로운 정보를 잘 얻을 수 있기 때문에, 살아 있는 물고기는 흐름을 거슬러 올라갑니다. 흐름을 따라 그냥 떠내려가는 물고기가 있다면, 그것은 죽은 물고기입니다. 영적으로도 마찬가지입니다. 영적으로 깨어 있다면, 죄를 따라 흘러가는 세상의 흐름을 거스를 줄 알아야 합니다.

그 흐름은 세상 속에도 있지만 우리 자신의 마음속에도 있습니다. 우리는 죄인이기 때문에, 이 땅을 살아가는 동안 우리 마음속에 죄의 흐름이 있는 것은 부인할 수 없는 사실입니다. 그러므로 예수님을 믿는다 하더라도 자신의 마음을 그냥 흘러가는 대로 내버려두면 백이면 백, 세상을 따라 떠내려가게 됩니다.

이제 역대하 말씀을 통해, 세상과 자기 마음을 거슬러 올라가는 것이 하나님 앞에서 왜 그토록 중요한지 살펴보려 합니다.

◎ 여호야다가 죽은 후에 유다 방백들이 와서 왕에게 절하매 왕이 그들의 말을 듣고 그의 조상들의 하나님 여호와의 전을 버리고 아세라 목상과 우상을 섬겼으므로 그 죄로 말미암아 진노가 유다와 예루살렘에 임하니라 그러나 여호와께서 그들에게 선지자를 보내사 다시 여호와에게로 돌아오게 하려 하시매 선지자들이 그들에게 경고하였으나 듣지 아니하니라 이에 하나님의 영이 제사장 여호야다의 아들 스가랴를 감동시키시매 그가 백성 앞에 높이 서서 그들에게 이르되 하나님이 이같이 말씀하시기를 너희가 어찌하여 여호와의 명령을 거역하여 스스로 형통하지 못하게 하느냐 하셨나니 너희가 여호와를 버렸으므로 여호와께서도 너희를 버리셨느니라 하나 무리가 함께 꾀하고 왕의 명령을 따라 그를 여호와의 전 뜰 안에서 돌로 쳐죽였더라 요아스 왕이 이와 같이 스가랴의 아버지 여호야다가 베푼 은혜를 기억하지 아니하고 그의 아들을 죽이니 그가 죽을 때에 이르되 여호와는 감찰하시고 신원하여 주옵소서 하니라. 대하 24:17-22

요아스의 이해할 수 없는 타락

유다 왕들 중 가장 어렵게 왕이 된 사람을 꼽으라면 단연 요아스입니다. 여호사밧왕이 며느리로 맞은 북이스라엘의 공주 아달랴가 그의 할머니입니다. 그런데 이 아달랴가 자신의 핏줄이기도 한 유다 왕실의 자손을 완전히 멸망시키려한 적이 있습니다. 이때 왕자들 중 유일하게 살아남은 사람이 바로 요아스입니다. 그의 고모 내외가 그를 숨겨 주었기 때문입니다. 그 고모부가 위 본문에 나오는 여호야다입니다.

여호야다는 요아스가 일곱 살이 되었을 때 악한 왕비 아달랴를 몰아내고 요아스를 왕으로 세웠습니다. 그리고 요아스가 신앙 위에 바로 서서 나라를 이끌어가도록 인도했습니다. 그런데 여호야다가 죽자마자 몇몇 신하들이 요아스를 꾀어 우상을 섬기게 했습니다. 하나님이 선지자들을 보내 책망하시지만, 요아스는 듣지 않았고, 오히려 말씀을 전하는 여호야다의 아들 스가랴(요아스의 고종사촌)를 죽이기까지 했습니다.

요아스의 이런 갑작스러운 변화는 참 이해하기 어렵습니다. 여호야다가 살아있을 때만 해도 요아스는 참 선한 왕이었기 때문입니다. 하나님의 성전을 수리하는 일이 늦추어진다고 여호야다를 책망한 일이 있을 정도로 신앙의 열심이 있었던 왕입니다. 대하 24:6 그러던 그가 말씀을 전하는 하나님의 사람을 죽일 정도로 악해지다니, 그 짧은 시간 동안 무슨 일이 일어난 것인지 참 궁금합니다.

먼저, 요아스가 이렇게 악에 빠진 때가 언제인지 알아봅시다. 스가랴를 죽인 다음해에 요아스는 세상을 떠납니다. 대하 24:23-27 그리고 요아스의 재위 기간이 40년이므로, 요아스가 악에 빠진 이 사건은 요아스 재위 39년째에 일어난 일입니다. 즉, 7세에 왕위에 오른 요아스가 46세 되던 해였습니다.

악과 우상은 뿌리가 깊습니다. 여호야다가 요아스를 왕으로 세울 때 우상을 완전히 근절시켰을 뿐 아니라 대하 23:16-17 39년의 요아스 통치는 '여호와 보시기에 정직' 24:2 했습니다. 유다 땅에 우상숭배가 거의 눈에 띄지 않았다는 말입니다. 그런데도 여호야다가 죽자마자 요아스왕 곁에 와서 우상숭배를 부추긴 신하들이 있었습니다. 눈에 띄는 우상숭배가 없었을 뿐이지, 뒤에서 우상숭배하는 자들은 나라의 지도자들 가운데도 적지 않았다는 말입니다. 그래도 의문이 생깁니다. 신하들 모두가 우상숭배한 것도 아닐텐데, 이들이 어떻게 이리도 쉽게 주도권을 잡을 수 있었을까요?

마음의 흐름을 따라간 결과

요아스의 마음의 흐름을 따라가 보겠습니다. 여호야다가 죽은 것이 슬프긴 했지만, 한편으로는 '이제 내 마음대로 할 수 있겠다.' 는 생각이 들기도 했을 것입니다. 그런데 여호야다라는 버팀목이 없어진 요아스에게 제일 먼저 다가온 것은 아부하는 신하들이었습니다. 이제 막 왕의 자리에 올라 홀로 서기를 시작하는 시점에서 충언과 아부를 구분하는 것은 쉽지 않은 일입니다.

또 한 가지, 왕의 마음에 일어나는 자연스러운 흐름은 듣기 좋은 말은 좋아하고 비판하는 말은 싫어하는 것입니다. 인간의 죄악된 마음, 교만한 마음은 갈수록 높임을 받고 싶어합니다. 따라서 왕이 아부하는 자를 멀리하고 직언하는 신하를 가까이에 두기 위해서는 이 마음의 흐름을 거스르려는 특단의 노력이 필요합니다. 그러나 요아스는 자기 앞에 와서 절하는 대하 24:17 신하들의 입발림 앞에서, 마음의 흐름을 거슬러 올라가지 못합니다.

그리고 이런 신하들은 처음부터 우상숭배를 권할 만큼 요령이 없지 않습니다. 아마 이런저런 아부로 왕과 어느 정도 친분을 쌓은 다음 이런 식으로 말했을 것입니다. "왕이시여, 제사장 여호야다가 믿음은 훌륭했지만, 그 고집 때문에 이웃 나라들과의 관계에 많은 어려움이 있었습니다. 이웃 나라들과 평화로운 관계를 맺기 위해서는 그들과 통하는 것이 있어야 합니다. 왕이 이웃 나라들이 섬기는 아세라와 우상들을 형식적으로 몇 개만 이 나라에 세워 두신다면, 이웃 나라들은 왕에게 호감을 품고 좋은 관계를 맺게 될 것입니다."

그렇게 우상을 한두 개 세웠고, 한번 물꼬를 튼 악이 밀물처럼 밀려 들어왔을 것입니다. 게다가 이렇게 아부하는 사람들의 말에 한번 귀가 트이면 비판하는 말은 듣지 못합니다. 신하들 중 여호야다와 뜻을 같이하는 사람들이 전혀 없었겠습니까? 그러나 한번 악의 흐름을 탄 왕의 마음은 그런 직언을 듣지 못했을 것입니다.

여기까지 오면 악의 물결은 속도가 점점 더 빨라집니다. 멸망의 폭포를 향해 흘러가는 것입니다. 폭포가 다가올수록 더욱 빨라집니다. 애초에 거슬러 올라가지 못하고 물살에 떠내려가 어느 지점을 지나면, 거슬러 올라가는 것은 거의 불가능해지고 걷잡을 수 없이 빠른 속도로 폭포를 향해 질주하게 됩니다. 그러므로 그토록 선한 통치를 하던 요아스가 분별력을 잃고, 결국에는 은인의 아들을 죽이는 악독한 일까지 벌인 것입니다. 그리고 얼마 후 비참한 최후를 맞게 됩니다.^{대하 24:23-27}

가만히 있으면 떠내려간다

우리가 살펴보고 있는 본문은 열왕기하에 나오는 요아스왕에 관한 기록에는 없는 내용입니다. 왕하 12장 따라서 그 내용을 찾아내어 기록했다는 것은, 포로 후기 백성을 향한 하나님의 메시지가 담겨있기 때문이라고 할 수 있습니다.

다시 한번 역대하의 첫 독자들을 생각해 볼까요? 포로된 땅에서 세상의 흐름을 따라 사는 것은 그 땅의 문화와 종교에 적응하여 사는 것입니다. 그러나 그 흐름을 거스른 사람들이 있었습니다. 포로생활 70년이 지났을 때, 고향에 돌아가 성전을 지으라는 칙령이 떨어집니다. 이때 세상의 흐름을 따라 사는 것은, 익숙한 땅, 뿌리 내린 땅에 그대로 계속 사는 것입니다. 그 흐름을 거스른 사람들이 예루살렘에 돌아와 성전을 지었습니다. 하지만 그 후에도 예루살렘과 유다의 생활 형편은 별로 나아지지 않습니다. 이때의 자연스러운 흐름은 무엇일까요? 불평하는 것이고, 적당히 사는 것입니다. 그리고 실제로 그렇게 사는 사람들이 적지 않았음을 에스라, 느헤미야, 말라기 말씀이 보여줍니다.

그렇게 세상의 흐름을 따라 떠내려가다가는 자기도 모르게 걷잡을 수 없는 악에 빠지고 만다는 것이 요아스왕의 이야기에 담긴 경고입니다. 따라서 우리는 요아스의 어리석음에 혀를 차기보다는, 우리도 그런 세상의 흐름을 좋아하고 즐기는 존재라는 사실을 다시 한번 깊이 기억해야 합니다.

죄의 흐름을 따라간 여호람

요아스에 앞선 두 왕, 여호람왕과 아사햐야왕도 세상의 흐름을 거슬러 올라가지 못해 실패했습니다. 21장에 기록된 여호람왕의 이야기에서는 이를 안타까워하시는 하나님의 마음과 그러한 하나님의 사랑의 경고를 무시한 왕의 비참한 최후를 볼 수 있습니다.

여호사밧은 맏아들인 여호람에게 왕위를 물려주면서 나머지 왕자들에게는 성읍과 재물을 많이 나눠주었습니다. 서로 다투지 않게끔 배려한 것입니다. 인간적으로 보면 괜찮은 조치고 자연스러운 생각의 흐름입니다. 그러나 자연스러운 생각의 흐름대로 따라가다 보면 멸망의 폭포수를 향해 갈 가능성이 높습니다. 이 경우에도 그렇습니다. 여호사밧은 아들들간의 갈등을 없애려고 그렇게 조치했는데, 여호람은 왕위에 오르면서 동생들을 다 처단하고 말았습니다. 그리고 북이스라엘의 믿음 없는 왕들처럼 행합니다. 성경은 그 상황을 이렇게 진단합니다.

> 그가 이스라엘 왕들의 길로 행하여 아합의 집과 같이 하였으니 이는 아합의 딸이 그의 아내가 되었음이라. 21:6

그런데 이런 유다의 형편을 안타까워하시는 하나님의 마음이 말씀에 강하게 나타납니다.

> 여호와께서 다윗의 집을 멸하기를 즐겨하지 아니하셨음은 이전에 다윗과 더불어 언약을 세우시고 또 다윗과 그의 자손에게 항상 등불을 주겠다고 말씀하셨음이더라. 21:7

그래서 하나님은 여호람왕에게 계속 경고를 하십니다.

첫째 경고는 가장 가벼운 것으로, 외교 문제입니다. 유다의 지배하에 있던 에돔과 립나가 그 지배를 벗어나게 됩니다. 이 문제를 여호람은 군사력으로 해결하려다가 실패했습니다. 앞장에서 인풋과 아웃풋 이야기를 했는데, 군사력이라는 인풋으로는 에돔과 립나를 지배한다는 아웃풋을 얻을 수 없습니다. 인간적인 생각대로 하면 당연히 군사력이라는 인풋을 넣게 됩니다. 그런데 그 생각의 흐름을 거스르지 못하니 문제는 해결되지 않습니다.

이 첫 번째 경고를 여호람이 못 알아들으니, 하나님은 더 직접적으로 경고하십니다. 북이스라엘에 엘리야라는 대선지자가 있었습니다. 엘리야가 편지로 여호람에게 엄중히 경고합니다. 21:11-15 북이스라엘의 선지자가 남유다의 왕에게 편지를 쓰는 것은 참 특별한 경우입니다. 그러나 여호람은 여전히 듣지 않습니다.

하나님의 3차 경고는 더 강력합니다. 블레셋과 아라비아가 연합하여 유다를 침략하고 여호람의 막내아들만 제외하고 모든 아들을 죽인 것입니다. 21:16-17 그래도 여호람왕이 꿈쩍도 하지 않자 하나님은 마지막 경고를 하십니다. 그것은 여호람왕의 육신의 질병이었습니다. 창자에 불치병이 들어 2년을 고생했는데, 그러면서도 여호람왕은 깨닫지 못합니다. 바로 자신의 마음이 죄악의 흐름을 따라가도록 내버려 두었기 때문입니다.

그 결과 여호람은 여호사밧이 쌓아놓은 모든 질서와 번영을 일거에

다 무너뜨렸습니다. 온 나라에 우상숭배가 만연했습니다. 믿음을 바로잡는 것은 오래 걸리지만 무너뜨리는 것은 일순간입니다. 왕과 함께 백성들 모두가 죄악의 흐름을 따라 기분 좋게 흘러내려가 버린 것입니다. 그리고 여호람은 최후까지도 비참했습니다. 왕이 죽었는데도 백성들이 와서 분향하지도 않습니다. 그는 아끼는 자 하나 없이 세상을 떠났고 왕들의 묘지에도 들어가지 못했습니다.

> ◎ 저녁 잡수시던 자리에서 일어나 겉옷을 벗고 수건을 가져다가 허리에 두르시고 이에 대야에 물을 떠서 제자들의 발을 씻으시고 그 두르신 수건으로 닦기를 시작하여. 요 3:4-5

세상을 거슬러 올라가신 예수님

그렇다면 그리스도인으로서 우리는 어떻게 세상의 흐름을 따르지 않고 거슬러 올라갈 수 있을까요? 우리의 본이 되신 예수님은 이 땅에 계실 때 어떻게 세상을 거슬러 가셨는지 살펴보겠습니다.

예수님이 십자가에 달리신 것은 금요일입니다. 그 전날인 목요일 밤, 예수님은 제자들과 함께 마지막 만찬을 나누셨습니다. 그런데 요한복음의 기록에는 좀 특별한 부분이 있습니다.

바로 '세족식' 장면입니다. 그런데 한 가지 질문이 생깁니다. 제자들의 발을 씻기실 거면 식사 자리에 앉기 전에 하셔도 됐을 텐데, 왜 식사 중간에 제자들의 발을 씻기신 것일까요? 예수님이 식사하시다 말고 일어나 나가서 대야를 들고 들어오시는 장면을 상상해 보십시오. 화기애애한 식사 분위기에 찬물을 끼얹은 것 아닙니까? 예수님은 왜 이렇게 하셨을까요?

> 내가 주와 또는 선생이 되어 너희 발을 씻었으니 너희도 서로 발을 씻어 주는 것이 옳으니라 내가 너희에게 행한 것같이 너희도 행하게 하려 하여 본을 보였노라. 요 13:14-15

이 말씀은 마지막 만찬석상에서 제자들의 모습이 '서로 발을 씻어 주는' 것과는 상반된 모습이었음을 암시합니다. 예수님은 마지막 만찬을 나누기 얼마 전부터 수차례 '나는 고난받고 십자가에서 죽었다가 부활할 것이다.' 라고 말씀하셨는데, 그 말씀을 듣던 무렵 제자들은 한 주제로 끊임없이 논쟁하고 있었습니다. 바로 '누가 잘났냐' 는 것입니다.

제자들이 논쟁을 벌인 이유를 살펴봅시다. 예수님이 예루살렘으로 가신 때는 유월절입니다. 제자들은 예수님을 따라 예루살렘으로 가면서, D-day가 다가오고 있음을 감지했습니다. 그들은 예수님이 이스라엘의 정치적인 구원자로 등극할 것이라고 확신했습니다. 자신들의 개념과 맞지 않는 고난 예고는 귀에 들어오지도 않았습니다. 그러니 예수님이 왕위에 등극했을 때 논공행상에서 우위를 차지하려고 미리부터 치열한 경쟁을 했던 것입니다.

　어이가 없지만, 이것이 바로 죄된 인간의 자연스런 마음의 흐름입니다. 높아지고 싶어하는 것이지요. 그에 반해 예수님은 그 높아지려는 흐름을 거슬러 낮은 곳으로, 십자가의 죽음의 자리로 가고 계십니다. 그러니 마지막 만찬의 분위기가 어떠했겠습니까? 예수님은 곧 잡혀갈 것을 내다보고 계시는데, 제자들은 서로 신경을 곤두세우고 있습니다. 혹시라도 누가 예수님에게 더 가까이 다가가서 유리한 위치를 차지할까 봐 경계하고 견제하고 있습니다.

　그런 분위기 속에서, 식사하시던 예수님이 중간에 일어나신 것입니다. 서로 높아지려고만 하는 그 흐름을 끊기 위해서입니다. 그 흐름을 거슬러 올라가시기 위해서입니다. 그래서 모두 당황해하는 가운데 한 사람 한 사람 발을 씻기셨습니다. 종의 자세로 말입니다. 그리고는 '너희도 서로 발을 씻기라', 즉 교만으로 가는 마음을 거슬러 올라가라고 말씀하십니다. 우리는 거슬러 올라가서 섬길 것인지, 스스로 높아지는 세상의 물결을 따라 떠내려갈 것인지를 선택해야 합니다.

예수님을 만나면 인생의 방향이 바뀐다

　세상을 거슬러 올라간 또 한 사람, 사도 바울의 삶을 살펴 보겠습니다. 바울이 쓴 편지가 신약 성경에 13권이나 들어 있습니다. 그 중에서도 로마서는 복음을 가장 집중적으로 깊이 있게 전하는 편지입니다. 그런데 전체 16장인 로마서 중에서 9-11장의 적지 않은 분량이 유대인의 믿음 문제를 다룹니다. 그 대표적인 구절이 이것입니다.

> 나의 형제 곧 골육의 친척을 위하여 내 자신이 저주를 받아 그리스도에게서 끊어질지라도 원하는 바로라 그들은 이스라엘 사람이라. 롬 9:3-4

즉, 바울은 그들을 위해 고통스러울 만큼 크게 근심하고 있습니다. 참 의외입니다. 유대인들은 갖은 방법을 동원해서 바울을 핍박하고 죽이려고까지 했습니다. 바울이 유대인이긴 하지만 자신을 죽이려는 사람들을 이렇게까지 품을 수 있을까요?

앞에서 본 요아스왕도 자신을 높여 주는 사람을 가까이하고 잘못을 지적하는 사람은 죽여 버리지 않았습니까? 바울도 요아스와 별다를 것 없는 사람이었는데, 어떻게 이런 변화가 일어난 것일까요?

이것은 타고나거나 훈련된 인격의 문제가 아닙니다. 성경에 나타난 바울은 그다지 마음이 넓은 사람은 아니었습니다. 이 변화는 바울이 세상의 감정을 거슬러 사신 분, 예수 그리스도를 만나면서 시작됩니다. 바울은 예수님을 믿는 자들을 심하게 핍박하던 사람입니다. 그런 그를 예수님이 사랑으로 불러 주셨습니다. 바울에겐 매우 충격적인 일이었습니다. 악독하게 교회를 핍박했던 자신을 사랑하고 불러 주시다니요. 그때까지 자기 감정의 흐름을 따라 화내고 미워하며 살던 바울이었는데, 당연히 배척해야 할 자신을 그렇게 아껴 주시는 예수님의 사랑에 매우 감동했을 것입니다.

그 사랑을 만난 감격이 바울의 인생 방향을 바꿔놓았습니다. 바울의 감정 체계를 바꾸었습니다. 세상의 감정 흐름을 따르지 않고 그 감정을 거슬러 올라가며 사는 사람으로 변화시켰습니다. 사실 자신을 미워하는 이스라엘 사람들을 위해 마지못해 기도한다 해도 대단한 것 아닙니까? 그런데 바울은 그들을 위해 진정으로 고통스러워합니다. 그것이 바울의 삶에 능력으로 드러납니다. 미워하는 흐름을 거슬러 사랑하고, 낙심하는 흐름을 거슬러 기뻐하는 사람, 하나님은 그런 사람을 사용하십니다.

매일 거슬러 올라가라

세상의 흐름, 자기 마음의 흐름을 거슬러 올라가지 않고 그대로 따라가다 보면 하나님의 뜻을 따라가지 못합니다. 물론 그리스도인으로서 사회에서 지탄받을 정도의 사기 행각이나 범죄를 저지르는 경우는 드물 것입니다. 그러나 거슬러 올라가지 않으면, 자신과 주변 사람들을 살짝 속이기도 하고, 영적으로 게을러져 기도하지 않고, 하나님보다 자기 자신을 혹은 돈을 더 의지하는 사람이 되는 것은 시간 문제입니다.

교회에도 높아지고 싶어하는 세상의 흐름을 따라 서로 앞서 가려는 분위기가 팽배합니다. 자신을 높여 주지 않았다고, 인정해 주지 않았다고 화내고 교회를 떠나 버리는 사람은 또 얼마나 많은지요. '교회'를 이야기할 것도 없이 바로 내가 그렇습니다. 예수님은 발을 씻기며 섬기는 삶을 보여 주셨지만, 나는 누군가의 발을 씻기고 나면 누군가가 그 사실을 알아주기를 원합니다.

사실 요아스도 자신이 '왕' 이라는 사실을 제대로 인정받고 싶은 마음에 아부를 즐겨 듣게 된 것 아닐까요? 그렇다면 나도 우상숭배를 비판한다고 스가랴를 죽여 버린 요아스와 별다를 것이 없습니다.

우리가 이렇게 흐름을 따라 떠내려가는 큰 이유 중 하나는 '다들 그렇게 하니까' 입니다. 많은 사람들이 가는 대로 가면 뭔가 안심이 됩니다. 잘못된 일이라 해도 괜히 용서가 될 것 같습니다. 다들 교회에서의 언행과 세상에서의 언행이 다른 것 같으니까, 나도 그 흐름을 따라 교회와 세상에서 이중적으로 살아가고 있지는 않습니까?

"가만있으면 중간은 간다." 는 말이 있습니다. 또 "모난 돌이 정 맞는다." 라는 말도 있습니다. 맞는 면도 있습니다. 가만있으면 중간은 갑니다. 그러나 우리가 중간 가기 위해서 삽니까? 우리 삶의 목적이 정에 맞지 않는 것인가요? 아닙니다. 우리 삶의 목적은 아름다운 돌이 되는 것입니다. 우리 삶의 목적은 하나님의 능력을 보이고 그 뜻을 이루어 가는 사람이 되는 것입니다.

그렇다고 해서 무슨 일생일대의 결단을 해야만 그때부터 거슬러 올라가게 되는 것은 아닙니다.

아무든지 나를 따라오려거든 자기를 부인하고 날마다 제 십자가를 지고 나를 따를 것이니라. 눅 9:23

자기를 부인하고 십자가를 지고 예수님을 따라가는 것, 이것이 거슬러 올라가는 삶입니다. 그런데 '날마다' 라는 단어가 눈에 띕니다. 거슬러 올라가는 것은 매일의 삶 속에서, 매일 결정하는 수십 가지 일들이 쌓여 자연스럽게 나타나는 것입니다. 내 감정, 내 손과 발의 섬김, 내 언어를 통해 죄와 교만의 흐름을 거슬러 올라가는 몸짓을 계속해나가는 것입니다. 앞에서 물고기는 거슬러 올라갈 때 물의 정보를 더 많이 얻을 수 있다고 했습니다. 거슬러 올라가는 자, 그는 이 땅에서 능력 있게 살 수 있는 지혜를 충분하게 얻을 것입니다.

••• 역대하 한눈에 보기

역대하 21-24장

아사왕과 여호사밧왕에게 특별히 많은 분량을 할애한 역대하는 이제 각 왕에 관한 기록을 축약해서 전달합니다. 여호사밧 이후에 14명의 왕이 더 나오는데, 히스기야29-32장와 요시야34-35장 외에는 비중 있게 다루는 왕이 없습니다. 본문은 이 14명의 왕들 중 세 명, 여호람21장, 아하시야22장, 요아스24장에 관한 내용입니다. 여호사밧은 북이스라엘의 공주 아달랴를 며느리로 삼는 잘못을 범했는데, 아달랴의 영향이 이 세 왕에게 그대로 나타납니다.

21장

여호람은 왕위에 오르면서 동생들을 다 죽였고, 하나님은 그런 여호람에게 계속 경고하십니다. 그러나 그 경고를 듣지 않은 여호람은 결국 비참한 최후를 맞이합니다.

22장

여호람 다음은 아하시야왕입니다. 여호람의 아들 중 유일하게 살아남은 사람입니다. 아하시야의 어머니는 바로 남편 여호람을 북이스라엘의 악한 왕들처럼 살게 했던 왕비 아달랴입니다. 아하시야는 어머니의 영향으로 북이스라엘의 왕과 교제했고, 북이스라엘에 갔다가 예후라는 사람이 쿠데타를 일으킬 때 그 손에 죽고 말았습니다. 왕위에 오른 지 1년 만의 일입니다. 그런데 그 다음에 유다 왕조에는 참사가 일어납니다. 아달랴 왕비는 자기 아들이 죽었다는 소식을 듣고는 유다 왕국의 씨를 모두 진멸하고 자신이 직접 나라를 다스립니다. 이 와중에 아하시야의 아들 요아스만이 여호야다-여호사브앗 부부(요아스의 고모와 고모부)의 손에 간신히 구출됩니다. 그리고 이 악한 여인 아달랴는 6년이나 유다를 다스립니다.

여기에서, 죄악의 흐름대로 떠내려가는 인간과 긍휼히 여기시는 하나님의 은혜가 교차됨을 봅니다. 하나님은 여호람왕의 악행에도 다윗 왕조에 계속 은혜를 베푸셨는데, 그 은혜가 여호람을 향한 거듭되는 경고로 나타났고, 이번에는 요아스 왕자를 구해내는 것으로 나타난 것입니다.

23-24장

요아스 왕자가 일곱 살 되었을 때, 제사장 여호야다는 백성들을 규합하고 치밀한 계획을 세워 아달랴를 몰아내고 요아스를 왕으로 세웁니다. 이 과정

속에서 시대의 흐름을 거스르는 한 사람이 하나님께 쓰임을 받습니다. 바로 여호야다입니다. 그는 아달랴의 서슬 퍼런 통치 아래서 아달랴를 몰아내고 요아스를 세웠습니다. 그리고 요아스왕을 도와 무너졌던 나라의 신앙을 바로잡습니다. 그러나 여호야다가 죽자 요아스는 다시 물결을 따라 떠내려가 버렸습니다. 거슬러 올라가지 않는 순간, 영적으로 죽는 것입니다. 요아스는 전쟁에서 부상당하고 신하에 의해 죽임당하며, 왕이면 마땅히 들어가야 할 왕들의 묘실에도 들어가지 못하고 맙니다.

PRAYER
기도

주님, 참 부끄럽습니다.

지금껏 제 마음 가는 대로 내버려 두었더니,

마음밭이 이렇게까지 황폐해졌습니다.

이렇게까지 교만해졌습니다.

남의 말은 들을 줄 모르고 제 주장만 내세우기 좋아하며,

대충 세상의 흐름에 떠내려가면서도 다들 그러니까, 하고 살았습니다.

제 몸이 원하는 대로 게을렀고, 제 감정이 원하는 대로 화냈습니다.

하지만 이제 달라지고 싶습니다.

편안히 떠내려가는 죽은 물고기를 부러워하지 말고

힘껏 거슬러 올라가게 하옵소서.

거슬러 올라가며 충만한 생명으로 살아가도록 인도하옵소서.

선한 영향력을 끼치는 자

　요담왕은 요아스, 아마샤, 웃시야 다음에 왕위에 오른 사람입니다. 27장이 요담왕에 관한 내용인데, 단 9절에 불과합니다. 지금까지 나온 왕들 중 가장 짧습니다. 요담의 특징을 들라면 악한 일을 하지 않았다는 것입니다. 이 정도로 깨끗한 왕은 유다 역사 전체를 통틀어도 찾아 보기 힘듭니다.

　유다의 역사를 보면, 백성들의 신앙은 왕을 따라갑니다. 왕이 하나님을 잘 믿으면 백성들도 잘 믿고, 왕이 잘 믿지 않으면 백성들도 잘 믿지 않습니다. 그런데 요담왕의 경우는 예외입니다. 역대하 27장을 잘 보면, 왕은 정직하게 행했습니다. 여호와의 성전에 들어가지 않았다는 것은 그 아버지인 웃시야와 연관되는 기록입니다. 웃시야가 성전에 들어가 제사장 역할을 하려 했던 적이 있기 때문에, 요담이 성전에 들어가지 않았다는 것은 아버지의 경거망동을 본받지 않았다는 칭찬입니다.

그런데 왕이 그렇게 하나님 앞에서 선하게 행했음에도 백성은 여전히 부패했습니다. 정상적인 경우라면 이렇게 되어야 하지 않을까요? '왕이 여호와 앞에 정직하게 행하였으므로 백성들도 믿음 안에서 복되게 살았다.' 그러나 본문에서는 왕의 정직함과 백성들의 부패함이 부조화를 이루고 있습니다. 어떻게 된 일일까요?

◎ 요담이 그의 아버지 웃시야의 모든 행위대로 여호와 보시기에 정직하게 행하였으나 여호와의 성전에는 들어가지 아니하였고 백성은 여전히 부패하였더라. 대하 27:2

기본에만 충실했던 요담왕

이 문제에 대한 답을 얻기 위해, 요담이 특히 어떤 면에 신경을 써서 나라를 다스렸는지를 살펴보겠습니다. 그는 먼저 건축에 신경을 썼습니다. 성전 문과 성벽, 그리고 나라를 방어하기 위한 각지의 요새들을 열심히 건축했지요. 아버지 웃시야왕 대하 26장도 군사적인 목적의 건축에 열심을 낸 적이 있었으니 아버지의 뒤를 이은 것이라 하겠습니다. 이를 바탕으로 요담은 암몬 자손의 왕들과 싸워 이겨서 해마다 적지 않은 조공을 받기도 했습니다. 요담의 통치를 역대하는 이렇게 정리합니다.

> 요담이 그의 하나님 여호와 앞에서 바른 길을 걸었으므로 점점 강하여졌더라.

흠잡을 데가 없지요. 그런데 왜 백성은 여전히 부패했을까요?

백성이 부패했다는 말의 정확한 의미를 먼저 알아야겠습니다. 열왕기하는 요담왕 때 백성들이 산당 제사를 계속했다고 전합니다. 즉, 역대하에서 말하는 백성의 부패란 산당 제사를 말하는 것입니다. 산당이란 말 그대로 산에 있는 제사 장소입니다. 여호와 하나님께 제사하는 장소도 있었고, 가나안 땅의 우상들에게 제사하는 장소도 있었습니다. 하나님께 제사하는 산당은 괜찮다고 생각할 수도 있으나, 산당이라는 존재 자체가 우상숭배의 뿌리가 되므로 성경에서는 시종일관 산당을 없애야 할 악으로 규정합니다.

역대하의 앞선 기록들을 보면, 아사 14:3-5와 여호사밧 17:6 이 산당을 없애려고 노력했습니다. 그러나 두 왕 다 산당을 완전히 근절하는 데는 실패합니다. 15:17, 20:33 앞으로 나올 왕들 중에서는 히스기야 31:1와 요시야 34:3가 산당을 없애려고 노력했지만 역시 성공하지 못합니다. 산당은 참 뿌리 깊은 악이었습니다.

그렇다면 요담왕의 통치에 관해서는 이렇게 말할 수 있지 않을까요? 그는 자신의 기본적인 역할에 충실했습니다. 예배도 잘 드렸습니다. 나라의 정치적, 외교적인 일들을 하나님 뜻에 맞게 결정했습니다. 타락하거나 교만하지도 않았습니다. 그러니 자연히 나라가 강성해졌습니다.

그러나 백성들이 은근슬쩍 행하는 산당 제사에 대해서는 간섭하지 않았습니다. 백성들이 자신의 통치에 대해 반기를 드는 것도 아니고, 나라에 큰 물의를 일으키는 것도 아니기 때문입니다. 백성들은 산당 제사를 하긴 하지만 정해진 절기가 되면 예루살렘에 올라와서 성전 제사에도 참여합니다. 세금도 내고 병역이나 부역 의무도 감당합니다. 산당 제사를 건드리지 않아도 요담이 나라를 다스리는 데는 무리가 없었다는 말입니다. 그러니 공연히 '긁어 부스럼' 만드는 것보다 편안한 것이 좋다고 생각했을 만합니다.

그래서 왕은 하나님 앞에서 정직하게 행하고 나라도 강성했지만 백성은 여전히 부패했습니다. 왕은 흠잡을 데 없이 살았지만, 왕의 영향력이 백성의 삶 속에까지 미치지는 못한 것입니다. 백성이 말씀을 어기고 산당 제사를 계속하고 있으니, 그 삶은 말할 것도 없습니다. 하나님의 말씀대로 살지 않고 적당히 편한 대로 살았을 것입니다.

요담왕의 리더십

요담왕은 훌륭한 왕입니까? 결코 아닙니다. 왕의 자리에 있는 사람은 자기 일만 잘하는 데 그쳐서는 안 됩니다. 왕이 집중해야 할 것은 나라의 외적인 부강함보다 백성들의 생활입니다. 왕이 마음을 쏟아야 할 것은 나라의 1년 재정상태보다 백성들의 하루의 삶입니다. 요담왕이 진정 하나님이 세우신 왕이라면, 백성들의 부패한 일상생활을 보고 마음 아파하며 고쳐 갔어야 마땅합니다.

그런데 요담왕은 거기까지 나아가지 않았습니다. 자기 의무에는 충실했지만 백성들을 영적 생활에는 관여하지 않았습니다. 산당 제사가 잘못된 것인 줄 왜 몰랐겠습니까? 그러나 요담은 문제를 제기하지 않았습니다. 산당 제사가 만연해 있는 현실에 압도되었기 때문입니다. 요담이 행한 다른 일들은 특별히 대가를 지불하지 않아도 되는 것이었지만, 산당을 제거하는 일은 뚜렷한 정치적, 경제적인 이득도 없으면서 대가는 많이 지불해야 하는 일입니다. 백성들의 인기를 잃는 일이기도 합니다. 그래서 요담은 그 대가를 지불하지 않으려 한 것입니다.

열왕기하를 보면, 요담뿐 아니라 그 아버지인 웃시야왕과 할아버지인 아마샤왕도 산당을 제거하지 않았다는 기록이 나옵니다. 왕하 14:4, 15:4 그런데 역대하는 웃시야와 아마샤의 경우에는 그 기록을 생략하고, 요담에 와서만 유독 "부패하였다" 라는 말로 산당 제사를 언급합니다. 더 큰 일을 할 수 있었는데 하지 않았던 요담왕에 대한 하나님의 안타까움이 그만큼 컸다는 표현입니다.

포로 후기 백성들에게 이 말씀은 어떤 의미가 있었을까요? 포로생활에서 해방되어 성전을 다시 세웠으니, 그 예배의 감격과 열심은 포로생활 전과 비교할 수 없었을 것입니다. 그러나 성전 건축 후 세월이 지나고 2세들이 태어나 자라나면서 예배하는 자세가 조금씩 달라졌습니다. 그렇게 예배하는 마음이 흐트러지면서 성경 말씀대로 살지 않는 모습들이 적지 않게 나타났습니다. 스 9-10장, 느 13장, 학개, 말라기 당시 이러한 부패에 앞장섰던 것은 제사장과 지도자들입니다. 기본적인 제사의 의무에는 충실했지만 제사장들 자신의 삶이 흐트러져 있으니, 그들이 인도하는 제사 속에는 백성들의 마음을 감동시켜 하나님 앞에 세우는 영향력이 없었던 것입니다. "제사장들이 제사는 열심히 드렸으나 (그 제사는 영향력이 없었고) 백성은 여전히 부패하였더라."

백성들을 움직인 에스라의 영향력

많은 사람이 대충 타협하며 살고 있었지만 하나님의 뜻을 따라 'No'라고 말하는 사람이 있습니다. 하나님의 영향력은 그런 사람을 통해 드러납니다.

에스라는 구약 성경 에스라서 7장부터 등장합니다. 이때는 이미 첫 번째 포로 귀환 B.C. 538년으로부터 80년이 지난 때입니다. B.C. 458년 에스라의 선조는 첫 포로 귀환 때 예루살렘으로 돌아가지 않았고, 에스라는 당시 포로생활하던 그 땅에서 태어났습니다. "왕에게 구하는 것은 다 받을" 정도로 출세도 했습니다. 스 7:6

그런데 어느 날 그는 예루살렘에 가기로 결심합니다. 목적은 하나님의 말씀을 예루살렘에 전하기 위해서입니다. 스 7:10 예루살렘에는 이미 80년 전에 귀환해서 성전을 지은 이들의 자손이 살고 있습니다. 정기적으로 예배가 드려집니다. 말씀을 연구하고 전하는 사람들도 있었을 것입니다. 굳이 에스라라는 사람이 필요할 것 같지는 않아 보입니다. 그런데도 어떤 이유에서였는지 에스라는 말씀을 전할 목적으로 예루살렘에 갑니다. 이것이 제2차 포로 귀환입니다.

예루살렘에 돌아와서 에스라가 처음 본 것은 유다 백성들이 아무렇지도 않게 이방인과 혼인을 하는 것이었습니다. 스 9:1 이때는 유다 백성의 신앙 정체성을 확립해야 하는 시기입니다. 이런 때에 이방인과 혼인하는 것은 신앙의 정체성을 뒤흔드는 일입니다. 아무런 검토나 제어장치도 없이 이방인과의 혼인이 만연하다면 포로생활을 거치면서까지 지켜 온 신앙을 잃어버리는 것은 시간 문제입니다. 그런데도 예루살렘에 사는 사람 중 그 누구도 이 문제를 제기하지 않았습니다. 문제를 제기해야 할 지도자들이 이방 혼인에 앞장서 있을 정도니 말해 무엇하겠습니까.

이 사실을 접한 에스라는 옷을 찢고 수염을 뜯으며 하루 종일 하나님 앞에 회개기도를 합니다. 스 9장 에스라는 이 일을 대충 넘길 수가 없었습니다. 그랬더니 에스라가 무엇이라 말하기도 전에 사람들이 몰려옵니다. 그들은 스스로 회개하며 에스라의 지시에 따라 이방인과 혼인하던 풍습을 정리하고 신앙의 정체성을 회복해 갑니다. 백성이 얼마나 자발적이고 철저하게 이 문제를 해결하는지 놀라울 정도

입니다. 스 10장

이것이 바로 에스라의 영향력입니다. 하나님의 말씀을 가볍게 여기는 혼돈의 한가운데 에스라 한 사람이 서자 문제는 의외로 순탄하게 풀립니다. 에스라가 문제를 푼 것이 아닙니다. 에스라의 영향을 받은 백성들이 스스로 움직였습니다. 에스라의 영향력이 하나님이 주신 영향력이기 때문에 그렇습니다. 에스라도 백성들이 그렇게까지 움직일 줄은 몰랐을 것입니다. 그러나 하나님이 불어넣어 주신 영향력은 에스라 자신의 상상을 훨씬 뛰어넘는 것이었습니다.

도망자에서 영적 지도자가 된 제자들

예수님이 십자가에 달리시고 나서 얼마 후, 제자들은 예루살렘 거리로 나가 예수님이 하나님의 아들이요 구원자임을 선포하기 시작합니다. 그때는 제자들이 그렇게 목소리 높여 예수님을 전할 수 있는 상황이 아니었습니다. 십자가형은 로마에 대한 정치 반역자에게 주어지는 형벌이므로, 예수님을 전한다는 것은 '나도 반역자요.' 라고 광고하는 것이나 마찬가지기 때문입니다. 유대의 종교 지도자들은 예수님의 이름이 모두의 기억에서 지워지기를 바라고 있었습니다. 따라서 제자들이 길거리에서 예수님을 선포했다는 것은 그런 상황에 맞선 것입니다. 그들은 이 일을 미리 계획하지 않았고, 결과를 예측하지도 못했습니다. 오직 하나님의 뜻이기에 따랐을 뿐입니다.

하나님의 뜻에 따라 상황에 맞선 제자들, 이제 그들을 통해 하나님은 놀라운 일을 하십니다. 먼저 베드로의 전도로 한꺼번에 3,000명이나 예수님을 믿게 되었습니다. 행 2:41 대단한 영향력 아닙니까? 전하는 베드로 자신도 예측하지 못했던, 하나님이 만들어내신 결과입니다.

이어지는 일은 더 놀랍습니다. 예수님을 믿은 사람들이 자신의 소유물을 다 내어놓고 필요에 따라 나눠 쓰며, 기쁨과 찬양으로 가득한 공동체를 이룹니다. 행 2:43-47 즉, 제자들의 영향력은 사람들로 하여금 예수님을 믿게 하는 데 그치지 않고, 그 사람들의 삶이 송두리째 바뀌게 하는 데까지 이르렀습니다. 이 사건의 결론은 이렇습니다.

> 온 백성에게 칭송을 받으니 주께서 구원 받는 사람을 날마다 더하게 하시니라. 행 2:47

바로 얼마 전에 예수님을 못 박으라고 소리 질렀던 백성들입니다. 그 백성들이 예수님 믿는 공동체를 칭송하고, 날마다 그 공동체에 들어오는 사람들이 늘어났습니다. 이것이 바로 하나님의 뜻을 따라가는 사람을 통해 드러나는 기적의 영향력입니다.

영향력 있는 예배자가 되는 법

영향력 있는 목회자가 인도하는 예배에 참여하면 시작 기도 때부터 회중의 마음 자세가 다릅니다. 잡념이 없어지고 하나님을 향해 바른 자세를 취하게 됩니다. 그 인도자가 찬송을 그리 잘하는 것도 아닌데, 그와 더불어 찬송할 때면 회중의 찬송이 달라집니다. 영향력 있는 대표 기도자, 성가대, 설교자도 회중을 하나님 앞에 서도록 이끌어 갑니다. 이런 예배 자리에 함께하고 있다면 참 복된 일입니다.

문제는 그 반대 경우입니다. 그런 경우엔 예배가 매우 지루하고 답답하게 느껴집니다. 나쁜 아니라 대부분의 교인들이 예배에 생명력이 없다고 이야기합니다. 예배를 드리면 가슴이 시원해지는 것이 아니라 더 답답해집니다. 어떻게 하면 좋을까요?

이 예배 환경에 대해 내가 'No'를 선언하는 것이 문제 해결의 시작입니다. 예배 참석을 거부하라는 말이 아닙니다. 아무리 감동 없는 설교라 하더라도 그 안에는 하나님의 진리가 반드시 들어 있습니다. 아무리 어눌한 대표 기도라 하더라도 그 기도 안에는 하나님을 향하는 마음이 꼭 들어 있습니다. 바로 그것을 만나라는 것입니다. 바로 그 마음에 반응하고, 나를 답답하게 만드는 요소들은 거부하는 것입니다.

그렇게 예배드리기 시작하면 나는 영향력 있는 예배자가 됩니다. 설교를 듣는 나를 보고 설교자의 설교가 달라질 것입니다. 내 간절한 기도에 대표 기도를 준비하는 사람들이 달라질 것입니다. 내가 찬송을 부르는 모습에 옆 사람도 정성을 모아 찬송하기 시작할 것입니다.

무너진 데를 보수하는 자

> 메마른 곳에서도 네 영혼을 만족하게 하며 네 뼈를 견고하게 하리니 … 네게서 날 자들이 오래 황폐된 곳들을 다시 세울 것이며 너는 역대의 파괴된 기초를 쌓으리니 너를 일컬어 무너진 데를 보수하는 자라 할 것이며 길을 수축하여 거할 곳이 되게 하는 자라 하리라. 사 58:11-12

메마른 곳에 처했다고 해서 영혼이 피폐해지는 것이 아니라 그 메마른 환경을 거부하고 만족함을 얻을 수 있다는 말씀입니다. 그런 사람은 메마른 자리 때문에 낙심하지 않고 그 자리를 보수하는 사람이 됩니다. 환경에 지배당하는 사람이 아니라 하나님의 강력한 영향력을 미치며 환경을 지배하는 사람이 됩니다.

그렇게 영향을 미치는 사람이 되지 못한다면 어떻게 될까요? "예배 참석을 비롯해 교회 생활의 모든 의무를 잘 감당하는데, 교회에는 여전히 힘이 없고 교인들의 일상생활은 부패하였더라." 바로 요담 같은 교회, 요담 같은 교인들이 되는 것입니다.

"남편이 나를 힘들게 해." "집에 들어가도 재미가 없어." "우리 부모님이 나를 이해 못 해서 답답해." 이런 말은 환경의 영향을 그대로 받는 사람의 언어입니다. "그 남편은 한눈 안 팔고 직장생활도 열심히 하는데, 그의 가정은 여전히 삭막하더라."

가족 중 한 사람이 이런 가정의 분위기에 'No'라는 깃발을 들 때 변화가 시작됩니다. 잠들기 전에 이렇게 기도해보십시오. "내일 아침, 제가 식구들의 아침을 상쾌하게 만드는 표정을 짓게 하시고 유쾌한 첫 인사를 건네게 하소서." 그리고 아침에 일어나서, 가족의 무거운 분위기에 맞서 유쾌한 인사를 건네기 시작해 보십시오. 처음에는 어색하겠지만 내 의지로 이겨내는 것이 아니라 하나님의 은혜로 인내해 보십시오. 그렇게 한다면 그는 가족의 무너진 자리를 보수하는 사람이 될 것입니다.

교회가 처음 세워지던 때를 생각해 봅시다. 처음 믿은 사람들 중에는 종들이 많았다고 합니다. 믿지 않는 주인과 믿는 종. 영향력은 어느 쪽에서 어느 쪽으로 흐를까요? 종이 주인에게 영향을 미쳐서, 주인으로 하여금 예수님을 믿게 하는 경우가 적지 않았다고 합니다. 어느 날부터인가 종의 얼굴 가득히 차오르는 기쁨, 그 기쁨과 정성으로 행하는 섬김, 그것이 주인에게 영향을 주고, 호기심을 갖게 하고, 예수님을 알게 했던 것입니다. 그래서 예수님을 믿은 주인이 노예들에게 자유를 주는 경우도 있었다고 합니다. 영향력은 세상의 지위 고하에 좌우되지 않습니다. 기억하십시오. 우리의 비전은 지위가 아니라 바로 선한 '영향력'입니다.

••• 역대하 한눈에 보기

역대하 25-28장

25장

통치 초기, 아마샤왕은 온전할 정도까지는 아니었지만 보통 이상은 되었습니다. 25:2 아마샤는 군대를 이끌고 에돔(세일 자손)과의 전쟁에 나아갈 때 25:5-13 유다 군대 30만과 이스라엘 용병 10만을 이끌었습니다. 이 용병은 은 100달란트라는 많은 값을 치르고 고용한 군대입니다. 그런데 하나님의 사람이 아마샤에게 용병을 그냥 돌려보내라고 권합니다. 전쟁의 승패는 하나님이 주시는 것이니 믿음 없는 군대와 함께하지 말라는 것입니다. 이에 아마샤는 큰 손해를 감수하면서 용병을 돌려보냅니다. 그리고 유다 군대만으로 큰 승리를 거둡니다. 그런데 승리한 아마샤는 자신에게 패한 에돔의 신들을 가져다가 섬기기 시작합니다. 25:14 정말 이해하기 힘든 일입니다. 아마샤가 말씀에 순종했다기보다는 하나님의 사람의 말에 밀렸다고 보는 것이 맞겠습니다.

그러다 아마샤는 책망하는 선지자를 위협할 만큼 분별력 없는 사람으로 변합니다. 25:16 그는 북이스라엘과의 무리한 전쟁을 시작했다가 패하고, 반란을 일으킨 자들에 의해 비참한 최후를 맞이합니다.

26장

다음은 아마샤의 아들 웃시야입니다. 웃시야도 아버지 아마샤처럼 통치 초기에는 하나님의 말씀을 잘 따랐습니다. 스가랴라는 사람이 웃시야를 잘 보필했기 때문입니다. 대하 26:5 웃시야가 통치할 때에 많은 민족들이 복속했고 농사가 흥왕했으며 군대도 강성했습니다.

그러나 이렇게 강성해진 때에 문제가 생깁니다. 웃시야는 성전에 들어가 제사장이 분향하는 자리에서 자신이 분향하려 합니다. 제사장이 하는 일까지 간섭함으로써 더 강력한 리더십을 세우려 했던 것입니다. 대제사장과 제사장들이 간곡히 말렸지만, 웃시야는 오히려 화를 냅니다. 바로 이 순간, 하나님이 웃시야를 치셔서 이마에 나병이 생기고 말았습니다. 그래서 그때부터 죽는 날까지 격리되어 살았고, 왕실 묘지에도 들어가지 못했습니다.

27-28장

웃시야 다음은 요담이고, 요담의 아들은 아하스왕입니다. 아하스왕은 처음부터 끝까지 악했습니다. 아하스의 우상숭배는 자녀들까지 불사르는 광신적인 수준이었습니다. 28:2-4 그로 인해 전쟁에 크게 패하고 물질을 잃을 뿐 아니라 많은 사람들이 잡혀갔습니다. 하나님의 긍휼하심으로 유다 사람들은 무사히 돌아오지만 28:8-15 그럼에도 아하스는 하나님이 아니라 앗수르 왕을 의지해 어려움에서 벗어나려 합니다. 그러나 앗수르 왕은 그를 돕는 것이 아니라 오히려 공격합니다. 28:20 이에 아하스는 앗수르의 신들에게 제사하여 도움을 받고자 합니다. 결국 아하스는 하나님의 성전 기구들을 파괴하고 각지에 산당을 세우는 악행을 일삼다가 죽음을 맞이합니다.

당시는 앗수르의 힘이 최고에 이르러 주변 모든 나라를 굴복시킬 때였고, 앗수르가 북이스라엘을 멸망시킨 것도 바로 아하스왕 때였습니다. B.C. 722 그러니 아하스가 앗수르의 신을 섬기면서 하나님께 계속 범죄한 것은 나름대로의 생존전략이었습니다. 영향력 있는 사람으로 산 것이 아니라 강한 자의 영향권 아래서 목숨을 부지하는 것이 아하스의 삶이었습니다.

PRAYER
기도

하나님 아버지,
누군가 저에게 선한 영향력으로 다가와 주기를 바랐습니다.
제 주변에 선한 영향력이 없음을 탓하고 원망했습니다.
제가 드리는 예배에 만족하지 못하여 한숨만 쉬었습니다.
직장에서도 가정에서도, 제게 선한 영향을 주는 환경이 아니라고
스트레스를 받으며 살았습니다.
그러나 이제 바꾸겠습니다.
영향을 받으려고만 하지 않고 영향력 있는 사람으로 서겠습니다.
선한 왕이지만 영향력이 없었던 요담의 길을 거부하고,
영향력 있는 하나님의 사람으로 서기 시작하겠습니다.
제 안에는 힘이 없는 것을 아오니,
주님의 영향력을 제게 부어 주옵소서.

두드리는 자

　히스기야왕이 유월절을 준비합니다. 유월절은 이스라엘이 애굽의 종살이에서 벗어난 것을 기념하는 절기로, 매년 1월 14일부터 일주일간 지킵니다. 하나님의 구원의 은혜에 감사한다는 의미입니다. 이때는 온 백성이 예루살렘에 모이는 것이 원칙인데, 성경은 "기록한 규례대로 오랫동안 지키지 못하였다"고 전합니다. 유월절을 지키긴 하되 원칙대로 지키지 않고 대충 형식만 갖추었다는 말입니다. 그래서 히스기야는 유월절을 규정에 따라 완전하게 지키려 합니다.

　성경은 히스기야가 유월절을 준비하는 모습을 전해 주는데, 뜻밖의 내용이 두 가지 보입니다. 첫째는 남유다의 왕인 히스기야가 북이스라엘에까지 사람을 보내어 유월절 참여를 권했다는 것입니다.

　"온 이스라엘과 유다에 사람을 보내고", "또 에브라임과 므낫세에 편지를 보내어", "브엘세바부터 단까지 온 이스라엘에 공포하여."

에브라임과 므낫세는 북이스라엘의 지파들입니다. 브엘세바는 남유다의 남쪽 끝이고 단은 북이스라엘의 북쪽 끝입니다. 히스기야가 유월절을 준비하면서 이스라엘 민족 전체에게 알렸다는 사실을 짧은 구절 안에 세 번이나 표현했다는 것은 그만큼 중요하다는 의미입니다.

도대체 당시 북이스라엘이 어떤 상황이었기에 히스기야가 이런 일을 한 것일까요? 남유다의 왕들 중 어느 누구도 북이스라엘을 향해 그렇게 행동한 왕이 없었습니다.

두 번째 뜻밖의 내용은 히스기야가 유월절을 한 달이나 미루어 지키려 했다는 것입니다. 이것은 상상도 못할 파격적인 결정입니다. 당시에 율법을 지킨다는 것은 기록된 문자 그대로 지키는 것이지, 상황에 따라 지키는 것이 아니었습니다. 히스기야는 하나님의 말씀을 지키려 했던 사람입니다. 그런 그가 유월절 날짜를 변경하다니요. 매년 돌아오는 유월절인데, 준비할 시간이 부족하면 다음해에 지킬 일이지 왜 이렇게까지 미룬 것일까요?

◎ 히스기야가 온 이스라엘과 유다에 사람을 보내고 또 에브라임과 므낫세에 편지를 보내어 예루살렘 여호와의 전에 와서 이스라엘 하나님 여호와를 위하여 유월절을 지키라 하니라 왕이 방백들과 예루살렘 온 회중과 더불어 의논하고 둘째 달에 유월절을 지키려 하였으니 이는 성결하게 한 제사장들이 부족하고 백성도 예루살렘에 모이지 못하였으므로 그

정한 때에 지킬 수 없었음이라 왕과 온 회중이 이 일을 좋게 여기고 드디어 왕이 명령을 내려 브엘세바에서부터 단까지 온 이스라엘에 공포하여 일제히 예루살렘으로 와서 이스라엘 하나님 여호와의 유월절을 지키라 하니 이는 기록한 규례대로 오랫동안 지키지 못하였음이더라. 대하 30:1-5

이스라엘, 위기에 처하다

역대하에는 당시 북이스라엘의 상황이 나오지 않으니, 열왕기하를 살펴보겠습니다. 히스기야왕 제 4년에 앗수르가 북이스라엘을 포위 공격했고, 제 6년에 북이스라엘을 완전히 멸망시켰습니다. 왕하 18장 히스기야왕이 북이스라엘 멸망 이후에 왕위에 올랐음을 보여 주는 성경 이외의 자료들도 있지만, 우리는 성경의 기록을 그대로 받아들이도록 합시다.

그러면 히스기야가 유월절에 북이스라엘 백성을 부른 것은 언제쯤일까요? 북이스라엘 멸망 전일까요, 후일까요? 열왕기하에는 이 유월절에 관한 내용이 나오지 않고, 역대하에는 정확한 연대가 없습니다. 단서는 히스기야가 사자들 손에 들려 보낸 편지 내용 중에 있습니다.

너희가 만일 여호와께 돌아오면 너희 형제들과 너희 자녀가 사로잡은 자들에게서 자비를 입어 다시 이 땅으로 돌아오리라 너희 하나님 여호와는 은혜로우시고 자비하신지라 너희가 그에게로 돌아오면 그의 얼굴을 너희에게서 돌이키지 아니하시리라. 대하 30:9

이때는 이스라엘이 멸망하고 많은 사람들이 포로로 잡혀간 이후입니다. 이에 관한 자세한 내용은 열왕기하 17장에 있습니다. 북이스라엘을 멸망시킨 앗수르는 민족 혼합 정책을 썼습니다. 많은 이스라엘 사람들을 잡아가고, 이스라엘 땅에는 다른 민족을 이주시켰습니다. 민족의식을 약화시켜 앗수르에 대한 저항을 없애려는 것이었습니다.

이스라엘 역사를 보면, 나라가 위험에 처했을 때 백성들이 회개하고 하나님께 돌아온 경우가 많습니다. 그러나 멸망 이후 북이스라엘 백성들은 회개하지 않았습니다. 반대로 이주해 온 사람들의 우상들에게 마음이 기울었습니다. 혈통이 섞이고 신앙까지 섞여 갑니다. 앗수르의 정책이 적중한 것입니다.

이와 같이 그들이 여호와도 경외하고 또한 어디서부터 옮겨왔든지 그 민족의 풍속대로 자기의 신들도 섬겼더라. 왕하 17:33

앗수르는 유다에게도 위협적인 나라입니다. 당대 최강대국으로서 여러 민족들을 점령하여 이리저리 이주시키고 있습니다. 북이스라엘을 점령한 앗수르가 남유다를 가만히 놔둔다는 보장이 없습니다. 실제로 몇 년 뒤에는 남유다로 쳐들어오는 상황이 벌어집니다. 자, 이제 히스기야 왕이 해야 할 일은 무엇일까요? 여러분이 히스기야라면 무엇을 하겠습니까?

앗수르가 침략하지 못하도록 군사력을 강화할까요? 앗수르에게 친선사절단을 보낼까요? 어느 것도 쉽지 않습니다. 군사력을 키우다가는 자칫 앗수르의 신경을 건드리기 쉽습니다. 친선정책을 쓴다면, 앗수르는 그 대가로 만만치 않은 것들을 요구할 것입니다. 그런 구체적인 일을 시작하기에 앞서 하나님께 유다 나라를 앗수르의 위협에서 보호해 주시기를 매일 간구할 수도 있었을 것입니다. 히스기야는 믿음의 왕이니 아마도 그 기도는 계속했을 것입니다. 어찌 되었든 초점은 이 시점이 히스기야가 한 나라의 왕으로서 자신과 나라의 안위를 지키는 데 온 신경을 다 써도 모자랄 때라는 것입니다.

불가능의 문을 두드린 히스기야

그렇게 볼 때, 지금 히스기야의 행동은 참 엉뚱합니다. 남유다의 왕이 앗수르의 점령지인 북이스라엘에 전령을 보내 백성들을 부르다니, 위험천만한 일입니다. 이는 앗수르를 화나게 해서 대규모 침략을 부를 수도 있는 일입니다.

게다가 북이스라엘 백성들이 그의 초청에 응할 가능성은 거의 없습니다. 첫째 이유는, 북이스라엘 백성들이 서슬 퍼런 앗수르의 눈을 두려워할 것이기 때문입니다. 그들 중 일부가 히스기야의 초대에 응해 예루살렘에 갔다고 칩시다. 앗수르가 이스라엘의 구석구석까지 감시할 만한 조직력을 갖추지 못했다 하더라도, 상당수의 백성들이 남유다에 다녀오는 움직임을 왜 감지하지 못하겠습니까? 그렇게 다녀온 사람들을 의심하여 취조하는 것은 당연한 일입니다.

둘째 이유는, 그들이 히스기야의 편지에 감동받을 가능성이 별로 없기 때문입니다. 이미 수백 년 동안 북이스라엘과 남유다는 다른 나라로 지내 왔는데, 북이스라엘 백성이 왜 남유다 왕의 말을 듣겠습니까? 안 그래도 나라를 잃어 서러운 사람들입니다. 신앙에 목말라 하는 사람들이 아니라 신앙을 잃어버리고 우상 숭배로 점점 깊이 빠져들고 있는 사람들입니다. 그런 사람들에게 예루살렘으로 유월절을 지키러 오라고 초청하는 것이 무슨 의미가 있을까요?

히스기야가 북이스라엘에 전령을 보낸 일은 괜히 북이스라엘 백성과 앗수르의 신경만 건드리는 일입니다. 유다를 위험에 빠뜨릴 만한 일입니다. 불가능한 일, 무모한 일, 히스기야는 바로 그런 일을 시도한 것입니다.

왜 그랬을까요? 히스기야의 마음을 따라가 보겠습니다. 히스기야는 하나님을 믿는 왕으로서, 하나님의 백성이 하나님을 떠난 것을 심히 안타까워했습니다. 비록 북이스라엘이 남유다를 대적하긴 했지만, 그래도 함께 하나님을 섬기는 백성들이기 때문입니다. 그 백성이 신앙을 잃어버려 나라의 멸망을 자초하고, 멸망한 후에도 이방의 우상들을 따라 하나님에게서 점점 더 멀어져 갑니다.

"어떻게 하면 이 하나님의 백성을 하나님께 돌아오게 할 수 있을까?" 히스기야는 기도하고 고민했을 것입니다. 그러다가 생각이 미친 것이 유월절입니다. 왜 하필 유월절일까요? 구약시대, 이스라엘의 모든 남자는 1년에 3번씩 예루살렘에 올라가 예배(제사)드리도록 되어 있었습니다. 그 중 하나가 유월절입니다. 이 절기의 의미는 이스라엘을 애굽 땅에서 해방시키신 하나님의 은혜와 능력을 깊이 기억하자는 것입니다.

출애굽의 은혜를 기억한다면, 하나님이 앗수르의 지배에서도 벗어나게 해주실 것이라고 믿을 수 있지 않겠습니까? 히스기야는 북이스라엘 백성들을 예루살렘으로 초청해서 함께 예배드리면서 그 믿음을 나누고 싶었을 것입니다. 그래서 북이스라엘 각 지방으로 간절한 호소를 담은 편지를 보냅니다. 편지 내용을 정리하면 이렇습니다.

'현재의 이 어려움은 다 하나님을 떠났기 때문임을 왜 못 깨닫는가? 속히 깨닫고 하나님께로 돌아오라. 그리하면 하나님이 분명히 회복시키실 것이다.' 대하 30:6-9

그래서 저는 히스기야를 '두드리는 자'라고 부르려 합니다. 두드린다는 것은 문이 닫혀 있다는 말입니다. 문이 굳게 닫혔다고 해서 단념하지 않고 꼭 열어야 할 문이라면 두드린 사람이 바로 히스기야입니다. 그에게는 열 수 있는 힘이 없습니다. 여는 것은 하나님이 하실 일이지요.

　닫힌 문을 두드리는 사람. 히스기야의 이런 모습은 유월절을 한 달 미루어 지키게 하는 놀라운 발상에서도 드러납니다. 북이스라엘을 유월절에 초청하기로 했는데, 문제가 생겼습니다. 준비 상황으로 볼 때 유월절을 1월 14일에 지키는 것이 불가능해진 것입니다. 상황이 그러하다면 계획이 아무리 좋아도 미루는 것이 당연합니다.

　히스기야는 쉽게 포기하지 않습니다. 급박하게 돌아가는 국제정세, 하루가 다르게 진행되는 북이스라엘의 이방화와 우상화. 이런 상황에서 히스기야는 일을 미룰 수가 없었습니다. 하나님을 위해 꼭 해야 할 일인데, 날짜로 볼 때는 불가능합니다. 그러나 히스기야는 이 불가능의 문을 두드립니다.

　'하나님, 이 일을 미룰 수가 없습니다. 어떻게 해야 할까요?'

　그런 히스기야에게 하나님이 주신 생각이 유월절을 한 달 미루어 지키는 것이었습니다. 유월절 날짜를 바꾸어 지킨다는 것은 상상도 할 수 없는 일입니다. 그런 융통성이 통하던 시대가 아니었습니다. 그런 시대에 이런 기상천외한 발상을 했다는 것은, 히스기야가 이 문제를 놓고 얼마나 많이 기도하고 생각했는지를 단적으로 보여 줍니다.

문은 하나님이 여신다

히스기야가 불가능의 문을 두드렸을 때, 하나님은 어떻게 이 문을 열어 주셨을까요? 북이스라엘의 많은 백성들이 히스기야의 편지를 보고 비웃었지만, 겸손한 마음으로 초청에 응하는 사람들이 있었습니다.대하 30:10-11 온 유다 백성이 한마음으로 유월절을 지키다 보니, 그 감격이 커서 본래 1주일 지키는 이 절기를 2주일이나 지킵니다.30:23(성경에 '무교절'로 되어 있는데, 유월절과 무교절은 하나로 묶어서 진행하는 절기입니다) 처음 예루살렘에 온 북이스라엘 백성들이 실수한 일도 있었지만 그것은 큰 문제가 되지 않았습니다.30:17-20

그리고 유월절 후에 고향으로 돌아간 백성들은 남유다뿐 아니라 북이스라엘 각지에서도 우상을 깨뜨렸습니다.31:1 예배와 유월절로 백성의 신앙이 부흥하니까, 구태여 왕이 우상을 타파하라 이야기할 것도 없었습니다. 현상부터 해결하려 하지 않고 나라의 영적 상태를 직면하여 대결한 결과입니다. 이어서 온 나라 백성이 복을 받아 십일조와 감사 예물을 넘치게 드립니다.31장

역대하의 첫 독자들은 남유다의 멸망, 포로생활, 포로 귀환 그리고 성전 건축 등 역사의 격변기를 살아온 사람들입니다. 굳게 닫힌 불가능의 문을 두드리고, 그 문을 하나님이 열어 주시는 것을 경험해 온 사람들입니다. 그러니 그들은 누구보다도 '두드리는 사람' 히스기야의 기록을 공감하며 읽었을 것입니다. 그리고 이 공감이 힘겨운 삶을 이

겨내게 하는 힘이 되었을 것입니다.

더불어 이 기록은 엄중한 경고를 담고 있습니다. 역대하의 첫 독자들이 살던 때, 이미 북이스라엘은 신앙과 민족의 정체성을 완전히 잃어버린 상태였습니다. 포로 귀환 후 남유다 백성들 또한 비슷한 위험에 직면해 있었습니다. 스 9-10장, 느 13장 많은 백성들이 이방인과 결혼하기도 하고 안식일을 어기기도 했습니다. 힘들게 재건한 성전에 악한 이방인을 위한 방을 만들기도 했습니다. 헌금을 내지 않아 레위인들이 다 도망가는 바람에 성전을 돌볼 사람이 없는 지경에 이르기도 했습니다. 에스라나 느헤미야 같은 탁월한 지도자들이 아니었다면 포로 귀환 이후의 남유다도 북이스라엘과 같은 길을 걸었을지 모릅니다. 히스기야가 그토록 노력했지만 결국 신앙의 역사에서 사라져 간 북이스라엘. 그것은 첫 독자들이 마음에 깊이 새겨야 할 일이었습니다.

포기할 수 없다면 정면으로 부딪쳐라

포로 된 땅을 떠나 예루살렘에 돌아온 유다 백성이 무너진 성전을 재건할 때입니다. 성전 건축 자체만으로도 힘겨운데, 주변에 방해하는 자들까지 있었습니다. 그들은 페르시아 왕에게 편지를 보내 성전 건축을 중단시킬 것을 요청합니다. 왕은 모함으로 가득한 그 요청을 받아들여 성전 건축을 중단시킵니다. 당시 유다는 페르시아의 식민지였기에 왕의 명령을 거역할 수가 없었습니다. 그렇게 성전 건축은 중단되고 말았습니다.스 1-4장

그 후 15년이 흘렀습니다. 이제는 중단된 일을 다시 시작할 엄두도 나지 않습니다. 그런데 이 '닫힌 문'을 두드리는 사람들이 나타났습니다.

> 선지자들 곧 선지자 학개와 잇도의 손자 스가랴가 이스라엘의 하나님의 이름으로 유다와 예루살렘에 거주하는 유다 사람들에게 예언하였더니 이에 스알디엘의 아들 스룹바벨과 요사닥의 아들 예수아가 일어나 예루살렘에 있던 하나님의 성전을 다시 건축하기 시작하매 하나님의 선지자들이 함께 있어 그들을 돕더니.스 5:1-2

선지자 학개와 스가랴, 그리고 스룹바벨과 예수아라는 지도자들이 힘을 합하여 성전 건축을 시작한 것입니다. 왕이 금지 명령을 풀었을까요? 아닙니다. 성전 건축 금지 명령은 여전히 유효했습니다. 왕이 금지한 일을 하면 목숨을 부지하기 어렵습니다. 즉, 이 사람들은 성전 건축을 위해 목숨을 걸었던 것입니다. 당시 유다 백성들에게 성전은 단순한 건물이 아니었습니다. 하나님이 임재하시는 자리, 무엇과도 바꿀 수 없는 소중한 자리였습니다. 아무리 왕이 금지했다 하더라도 이 자리를 포기할 수는 없었습니다. 왕에게 허락받고 시작할 수도

있었겠지만, 그 허락을 기다리다가는 세월을 얼마나 보내야 할지 모르는 일이기에 위험을 무릅쓰고 시작한 것입니다.

페르시아 총독이 공사 현장에 나와 공사하는 사람들의 이름을 조사하고 왕에게 편지를 보내 묻습니다. 이 사람들이 예전에 페르시아의 고레스 왕이 성전 건축을 허락했었다고 하는데 사실인지, 그리고 왕은 이 문제를 어떻게 생각하는지 답변해 달라고 말입니다. 스 5:3-17

정말 위험한 순간입니다. 고레스 왕이 성전 건축을 명한 것은 사실이지만, 과거의 왕보다는 현재의 왕이 더 중요합니다. 왕에게 허락받는 것이 먼저지, 일부터 시작해서야 되겠습니까?

그런데 왕의 답변은 참으로 놀라웠습니다. 스 6장 고레스 왕의 명령을 확인하고 성전 건축을 허락했을 뿐 아니라, 그 건축 비용을 국고에서 100% 부담하도록 지시한 것입니다. 그리고 예루살렘의 제사에 쓸 짐승과 재료를 충분히 주게 했고, 이 명령을 어기는 자는 극형에 처할 것을 명령했습니다.

왕은 하나님을 믿는 사람이 아닌데, 믿는 사람 이상의 호의를 보입니다. 성전 건축을 허락하는 것만도 왕에게는 손해입니다. 식민지 백성의 노동력과 자원이 그만큼 허비되기 때문입니다. 그런데 성전 건축 비용에다가 제사 비용까지 국고에서 충당하라니, 왕이 제정신인가 하는 의문이 들 정도입니다. 어떻게 이런 일이 일어났을까요? 믿음의 사람들이 닫힌 문을 두드리자 하나님이 열어 주신 것입니다.

◎ 구하라 그리하면 너희에게 주실 것이요 찾으라 그리하면 찾아낼 것이요 문을 두드리라 그리하면 너희에게 열릴 것이니 구하는 이마다 받을 것이요 찾는 이는 찾아낼 것이요 두드리는 이에게는 열릴 것이니라. 마 7:7-8

두드리면 열릴 것이다

하나님의 역사는 늘 이렇게 닫힌 문을 두드리는 사람을 통해 이루어져 왔습니다. 하나님은 믿음의 사람을 세워 닫힌 문을 두드리게 하셨고, 열어 주셨습니다. 그래서 이스라엘 백성은 출애굽 했고, 광야에서 살 수 있었고, 가나안 땅을 정복할 수 있었습니다.

때로는 하나님이 직접 두드리기도 하셨습니다. 3년이나 예수님을 따라다녔으면서도 예수님이 십자가에 달리실 때 도망간 사람들이 바로 제자들입니다. 그런데 예수님은 그들을 두드려 깨워서 사용하셨습니다. 교회를 극심하게 박해하던 바울의 닫힌 마음도 두드려 여셨습니다.

또 예수님의 제자들과 바울은 자신들도 이런 경험을 했기에, 열린 문을 찾아가는 것이 아니라 닫힌 문을 두드렸습니다. 예수님이 로마에 대한 반역죄로 체포되어 십자가에 달리신 곳이 예루살렘입니다. 그런데 제자들이 예루살렘을 두드리자, 하나님은 그 도시에 수많은 교회를 세워 주셨습니다. 바울이 전도한 도시들 중 처음부터 복음에

열려 있는 도시는 거의 없었습니다. 그러나 바울이 그 도시들을 두드리자 하나님이 닫힌 문을 여셔서, 곳곳마다 교회를 세우셨습니다.

"두드리면 열릴 것이다." 예수님의 말씀입니다. 마태복음 7장 7절과 8절에서 거의 같은 내용이 반복됩니다. 구하는 것이나 찾는 것이나 두드리는 것은 다 같은 의미이므로, 이 성경구절은 같은 내용을 여섯 번이나 반복한 셈입니다. 이 구절의 핵심은 스스로의 힘으로 불가능하다고 해서 포기하지 않고 시도하면 하나님이 들어주신다는 약속입니다.

7절에서 "너희에게 주실 것이요."를 원문에서 직역하면 "너희에게 주어질 것이요."가 됩니다. 즉, 세 번의 표현 가운데 두 번이 수동태입니다. 스스로 얻거나 여는 것이 아니라는 의미입니다. 스스로의 힘으로는 얻을 수 없고 열 수 없는 것을 구하고 두드릴 때, 하나님이 얻게 해주시고 하나님이 열리게 해주십니다. 문제는 닫힌 문 앞에서 포기하여 돌아서지 않고 두드릴 수 있느냐 하는 것입니다.

두드리는 것 vs 밀어붙이는 것

교회를 지을 수 없는 땅에 교회를 짓기로 작정한 사람이 있다고 합시다. 자신이 아는 정치인과 공무원들의 힘을 총동원해, 안 되는 교회 건축을 결국 이루어내고야 말았습니다. 이 사람이 "두드리라, 그리하면 열릴 것이다." 라는 말씀에 순종했다고 할 수 있을까요? 이 사람은 하나님을 바라보며 두드린 것이 아니라 세상의 든든한 '배경'을 바라보며 두드린 것입니다. 하나님이 열어 주신 것이 아니라 사람의 힘으로 열어젖힌 것입니다. 하나님이, 교회를 지으면서 불법을 행하는 것을 좋아하실 리가 없습니다. 이렇게 교회를 지으면, 그것을 보는 사람들이 교회를 향해 마음의 문을 닫지 않겠습니까?

그 땅에 꼭 교회를 짓고 싶다면, 이렇게 할 수 있습니다. 이 문제를 놓고 하나님께 기도하면서 법에 맞게 서류를 작성하고 추진하는 것입니다. 만일 교회를 짓는 것이 하나님의 뜻이라면, 하나님은 주변 여건이 조성되도록 인도하실 것입니다. 그렇지 않다면 이것은 하나님의 뜻이 아닙니다.

하나님을 믿고 두드리는 것과 무모하게 밀어붙이는 것은 어떻게 다를까요? 먼저, 그 일을 하나님이 기뻐하실 것인지를 생각해야 합니다. 그것을 잘 모르겠다면, 추진 과정을 하나님의 뜻에 맞게 하는 것입니다. 불법적인 힘을 동원하지 말고 정직하고 당당하게 추진해야 합니다. 그리고 그 일을 통해 자신만이 아니라 주변 사람들이 함께 복을 받도록 해야 합니다. 그렇게 힘을 다해 추진했는데 안 되면, 하나님이 기다리게 하시는 것인 줄 알고 인내하거나 길을 바꾸어야 합니다.

사업을 운영할 때 이런 문제에 부딪히는 경우가 비일비재합니다. 자신의 이익을 위해 무조건 밀어붙이는 것은 '두드리라'는 말씀을 따르는 것이 아닙니다. 하나님을 기쁘시게 하는 일인지, 주변 사람들을 함께 복되게 하는 일인지 잘 생각하고 정직하게 해나가야 합니다. 그러면 하나님이 길을 열어 주십니다. 사람이 아니라 하나님이 형통하게 해주시는 일이 만천하에 드러날 것입니다.

당분간은 실패할 수도 있습니다. 성전 건축이 15년이나 중단되었던 것처럼, 어려움을 겪을 수 있습니다. 그러나 하나님은 하나님을 기쁘시게 하려는 사람들을 분명히 인도해 주십니다.

우리가 두드려야 할 문은 무엇인가

사실 우리가 가장 먼저 두드려야 할 곳은 자기 자신입니다. 자신의 나쁜 습관, 게으름, 성품, 대인관계의 문제를 두드려야 합니다. 흔히 성품이나 오랜 습관을 고치는 것은 불가능하다고 생각합니다. 스스로를 고치는 일은 불가능하다고 할 만큼 어렵습니다. 그러나 자신의 닫힌 문제를 두드릴 때, 하나님이 고칠 수 있는 길을 열어 주십니다.

성품의 문제를 예로 들어 보겠습니다. 사람마다 타고난 성품이 있습니다. 그러나 하나님이 타고난 성품상의 약점을 그대로 가지고 평생을 살라고 하시는 것은 아닙니다. 그 약점을 두드려서, 하나님의 은혜로 바뀌고 성장하여 '그리스도의 장성한 분량' 엡 4:13 에까지 이르라고 그 성품을 주신 것입니다.

치밀하지 못한 성품 때문에 맡은 일마다 '아차'를 연발하며 주변에 피해를 준다면, 그 성품의 문제에 직면해 하나님 앞에서 두드려야 합니다. 지나치게 꼼꼼해서 주변 사람들을 피곤하게 하는 성품이라면, 그 성품의 장점은 살리되 주변 사람들까지 기쁘게 할 수 있도록 하나님 앞에 들고 나가 두드려야 합니다. 무슨 문제를 당하든 불평부터 하는 성품을 타고났다면, 그 문제 역시 하나님 앞에서 두드려야 합니다. 그럴 때 하나님이 고칠 수 있는 길을 열어 주시고, 인생의 막힌 길까지 뚫어 주실 것입니다.

지금 내 삶에 있는 닫힌 문들을 생각해 봅시다. 불가능하다고 지레 포기한 일, 그러나 하나님을 위해 꼭 해야 할 일이 없는지 생각해 봅시다. 교회, 직장, 가정 곳곳에 닫힌 문들이 있을 것입니다. 그렇다고 해서 '이건 고쳐야 한다.'고 무조건 목소리를 높이는 것은 주님의 방법이 아닙니다. 주님은 캠페인을 통해 일하지 않으셨습니다. 주님의 방법은 십자가입니다. 닫힌 문을 열기 위해 십자가를 지고 섬김의 길을 찾아갈 때, 하나님이 그 길을 여실 것입니다.

••• 역대하 한눈에 보기

역대하 29-32장

29장

히스기야의 아버지 아하스는 최악의 왕이었습니다. 히스기야는 아버지로부터 영적, 물질적으로 완전히 폐허가 되다시피 한 나라를 물려받았습니다. 성전 문이 폐쇄되고 기구들은 부서졌으며, 성전에 우상의 제단이 세워지고 백성들은 각 성읍마다 각각 다른 신들에게 제사를 지냈습니다. 여러 차례 침략을 당해 백성들의 경제적인 곤궁 또한 심각했습니다.

이런 상황에서 히스기야는 왕이 된 첫 해에 먼저 폐쇄된 성전 문을 열고 수리합니다. 29:3 제사장과 레위 사람들을 모아 성전을 성결하게 할 것을 지시합니다. 29:5 그리고 악에서 떠나 하나님께 돌아오도록 유다 백성들을 독려합니다. 29:6-11

이에 하나님은 성심껏 돕는 레위인들을 붙여 주셨습니다. 역대하 29장 12-14절에는 이때 왕을 도운 레위인들의 이름이 나옵니다. 하나님은 닫힌 문을 두드리는 사람을 홀로 두지 않으시고, 돕는 사람을 예비해 주십니다.

또한 곧이어 백성들이 자발적으로 가져온 번제를 위한 예물(소와 양)이 얼마나 많았는지, 제사장의 일손이 부족하여 곤란을 겪을 정도였습니다. 29:33-34 이것은 억지로 되는 일이 아닙니다. 하나님이 백성들의 마음을 움직이셨기에 가능한 일입니다.

30-31장

이 회복에 용기백배한 히스기야는 다음 단계로 나아갑니다. 하나가 이루어 졌다고 해서 그에 만족하는 것이 아니라, 그 다음 닫힌 문을 찾아가 바로 두드립니다. 그것이 바로 앞에서 자세히 살폈던 유월절입니다. 30장 히스기야는 이번에도 역시 놀라운 응답을 받습니다. '악순환'이 아닌 '선순환'의 시동이 걸린 것입니다. 그리고 히스기야는 이 유월절의 감격을 예배 시스템을 갖추는 데까지 발전시킵니다. 31장

32장

유다의 신앙 정비가 끝났습니다. 그런데 앗수르 왕 산헤립이 유다를 침략했습니다. 32:1 유다 근방의 모든 나라를 점령한 앗수르의 위협이 유다에게도 현실로 다가온 것입니다. 유다의 군대로는 당대 최강인 앗수르의 군대를 이길 수 없습니다. 히스기야는 스스로 할 수 있는 최선을 다합니다. 앗수르군이 물을 얻지 못하도록 예루살렘성 밖의 물 근원들을 막습니다. 성을 점검하여 든든히 쌓고, 병기를 만들고, 군대 조직을 개편합니다. 그리고 백성을 영적으로 무장시킵니다. 32:7-8

히스기야는 군사적인 준비도 했지만, 그보다 더 중요한 믿음의 준비를 빼

놓지 않았습니다. 군사력을 아무리 강화해 봤자 앗수르를 따라갈 수는 없습니다. 앗수르를 이길 길은 하나님께 있습니다. 이러한 믿음으로 히스기야가 이사야 선지자와 더불어 기도했을 때, 하나님은 그 기도를 들어주셨습니다. 이길 가능성이 전혀 없는 전쟁의 문을 히스기야는 믿음으로 두드렸고, 하나님이 그 두드림에 응답하신 것입니다.

PRAYER
기도

주님,

제 삶의 곳곳에 오랫동안 닫혀 있는 문들이 가득함을 봅니다.

일부러 피하기도 했고 잊어버리기도 했습니다.

열어야 한다는 것은 알지만 용기를 내지 못했습니다.

닫힌 문을 두드리는 용기를 주옵소서.

열릴 때까지 두드릴 수 있는 믿음과 인내를 주옵소서.

제 능력으로는 고칠 수 없는 저 자신을,

제 능력으로는 맞설 수 없는 문제들을

피하지 않고 직면하게 하시고,

두드리게 하시고,

하늘의 능력으로 열어 가게 하옵소서.

애통하는 자

요시야왕은 히스기야의 증손자로, 남유다 역사에서 히스기야와 함께 선한 왕의 양대 산맥을 이룹니다. 그는 8세에 왕위에 올라 15세 제8년에 하나님을 찾았습니다. 그리고 19세부터 제12년 6년 동안 우상을 제거하여 온 나라를 정결하게 하는 일을 철저하게 진행했습니다. 대하 34:3-7 대단한 열심입니다.

그 일이 마무리된 25세 제18년에 요시야는 성전 수리를 지시합니다. 수리 중 제사장 힐기야가 성전에서 율법책을 발견하여 서기관 사반에게 전달했고, 이 장의 성경 본문 역대하 34장 18-21절은 그 서기관이 왕 앞에서 율법책을 읽는 장면입니다. 이 율법책이 무엇인지 정확히는 알 수 없지만, 구약 성경 신명기일 것으로 추측합니다.

이 율법책의 말씀을 듣던 요시야는 갑자기 옷을 찢으면서 조상들의 죄를 회개합니다. 이스라엘에서 옷을 찢는다는 것은 심각한 회개의 표시입니다. '제가 잘못한 것을 깨닫고, 마음이 이렇게 찢어집니다.' 라는 의미입니다.

이상하지 않습니까? 요시야는 옷을 찢을 이유가 없었습니다. 그는 깊이 회개해야 할 만큼 말씀에 어긋나게 살고 있지 않았습니다. 오히려 반대입니다. 우상숭배를 근절하고 성전을 수리하는 등, 나라를 말씀대로 세워 가고 있었습니다.

그런 요시야가 신명기 율법의 말씀을 들었다면, 옷을 찢고 회개하는 것이 아니라 고개를 끄덕이며 감사하는 것이 더 자연스럽지 않을까요? "아, 하나님, 역시 제가 잘하고 있었군요." 하면서 말입니다. 또 이렇게 공포할 법도 합니다. "자, 보아라. 성전에서 발견한 율법책에 의하면 지금 내가 추진하고 있는 일이 정말 옳다. 온 백성은 지금까지의 잘못을 다시 한번 회개하고 내 말을 잘 따르라."

그런데 요시야는 자신의 옷을 찢습니다. 마치 자신이 잘못한 것처럼 말입니다. 요시야는 왜 옷을 찢었을까요?

◎ 서기관 사반이 또 왕에게 아뢰어 이르되 제사장 힐기야가 내게 책을 주더이다 하고 사반이 왕 앞에서 그것을 읽으매 왕이 율법의 말씀을 듣자 곧 자기 옷을 찢더라 왕이 힐기야와 사반의 아들 아히감과 미가의 아들 압돈과 서기관 사반과 왕의 시종 아사야에게 명령하여 이르되 너희는 가서 나와 및 이스라엘과 유다의 남은 자들을 위하여 이 발견한 책의 말씀에 대하여 여호와께 물으라 우리 조상들이 여호와의 말씀을 지키지 아니

하고 이 책에 기록된 모든 것을 준행하지 아니하였으므로 여호와께서 우리에게 쏟으신 진노가 크도다 하니라. 대하 34:18-21

마음을 찢게 하는 하나님의 말씀

요시야로 옷을 찢게 한 신명기에는 어떤 내용이 들어 있을까요? 신명기는 모세가 생애 마지막 때에 이스라엘 백성들에게 하나님의 말씀을 정리해 이야기한 것을 기록한 책입니다. 그 대표적인 구절은 '쉐마'라고 불리는 6장 4-9절입니다.

이스라엘아 들으라 우리 하나님 여호와는 오직 유일한 여호와이시니 너는 마음을 다하고 뜻을 다하고 힘을 다하여 네 하나님 여호와를 사랑하라 오늘 내가 네게 명하는 이 말씀을 너는 마음에 새기고 네 자녀에게 부지런히 가르치며 집에 앉았을 때에든지 길을 갈 때에든지 누워 있을 때에든지 일어날 때에든지 이 말씀을 강론할 것이며 너는 또 그것을 네 손목에 매어 기호를 삼으며 네 미간에 붙여 표로 삼고 또 네 집 문설주와 바깥 문에 기록할지니라.

온 마음과 힘을 다해 하나님을 사랑하고, 하나님의 말씀을 끊임없이 기억하며, 자녀에게 부지런히 가르쳐라! 이 말씀은 요시야의 폐부를 찔렀을 것입니다. 6년간의 노력 끝에 이제 간신히 유다 땅에 있는 우상들을 제거했습니다. 우상 제거와 함께 백성들이 온 마음을 다해 하나님을 사랑하게 되었을까요? 그랬을 리는 없습니다. 백성들이 간신히 따라오긴 했지만, 아직 하나님을 그렇게 사랑하는 것도 아니고 자녀들에게 말씀을 가르치는 것도 아니었습니다.

이러한 백성의 불신앙은 참 뿌리 깊은 것입니다. 히스기야왕은 믿음의 왕이었지만 므낫세왕 55년과 아몬왕 2년, 합계 57년의 세월 동안 백성들은 믿음에서 떠나 있었습니다. 게다가 히스기야왕의 후기 15년은 믿음을 굳건히 하는 기간이 아니었습니다. 히스기야왕 전에는 또 어땠을까요? 그 아버지 아하스왕은 성전의 기구를 파괴할 정도로 악했습니다. 아하스왕 이전에는 선한 왕들이 있었지만, 백성들 가운데 뿌리 깊게 박혀 있는 우상숭배의 요소들을 제대로 제거하지 않았습니다. 그것이 어찌 6년이라는 짧은 기간에 바뀔 수 있었겠습니까?

만일 요시야가 신명기의 말씀을 들으면서 자신이 6년간 해 온 일을 기억하며 뿌듯해 했다면 옷을 찢지 않았을 것입니다. 요시야가 옷을 찢었다는 것은, 자신이 이룬 업적을 보지 않고 모자란 모습에 주목했다는 말입니다. 중요한 것은 자신이 열심히 했다는 사실이 아니라, 백성들이 오랜 세월 동안 말씀에 못 미치는 삶을 살아 왔다는 사실입니다.

쉐마 외에도 신명기에는 요시야의 옷을 찢게 할 만한 말씀이 많습니다. 그 중 한 예로 28장을 들 수 있습니다. 28장 1-14절까지는 하나님의 말씀을 잘 지킬 때 받는 복에 관한 말씀입니다. 반면에 15-68절은 말씀을 따르지 않았을 때 임하는 저주에 관한 말씀인데, 그 한 절 한 절이 얼마나 무서운지 모릅니다.

> 여호와께서 네 몸에 염병이 들게 하사 네가 들어가 차지할 땅에서 마침내 너를 멸하실 것이며 여호와께서 폐병과 열병과 염증과 학질과 한재와 풍재와 썩는 재앙으로 너를 치시리니 이 재앙들이 너를 따라서 너를 진멸하게 할 것이라 … 네가 적군에게 에워싸이고 맹렬한 공격을 받아 곤란을 당하므로 네 하나님 여호와께서 네게 주신 자녀 곧 네 몸의 소생의 살을 먹을 것이라. 신 28:21-22, 53

안 그래도 말씀에 못 미치는 백성들의 삶 때문에 괴로워하며 말씀을 듣던 요시야가 이 대목에 이르렀다고 생각해 보십시오. 온 백성이 정신 차리고 돌이키지 않으면 이런 저주들이 유다 땅에 임할 것입니다. 이것이 요시야로 하여금 옷을 찢게 했습니다.

옷을 찢는다는 것은 마음을 찢는 것의 외적인 표현입니다.

> 너희는 옷을 찢지 말고 마음을 찢고 너희 하나님 여호와께로 돌아올지어다. 욜 2:13

마음은 찢지도 않으면서 옷만 찢는 사람도 있을 것입니다. 그러나 역대하의 문맥으로 볼 때 요시야는 그렇지 않습니다. 오히려 옷을 찢는 것으로는 다 표현할 수 없을 만큼 마음이 갈래갈래 찢어졌을 것입니다.

그래서 하나님의 손이 요시야와 함께했습니다. 요시야가 일을 잘 추진하는 명민한 사람이었기 때문이 아닙니다. 기획력과 리더십이 남달랐기 때문이 아닙니다. 아직 말씀대로 살지 못하고 있는 백성들로 인해 마음을 찢고 통곡하는 대하 34:27 사람이었기 때문입니다.

역대하 첫 독자들이 살던 시대에 필요한 사람은 바로 이렇게 마음을 찢는 사람이었습니다. 아니, 어느 시대를 막론하고 하나님이 찾으시는 사람은 마음을 찢는 사람입니다. 잘못을 비판하기는 쉽습니다. 그러나 입으로만 하는 비판은 변화를 가져올 수 없습니다. 같은 말이라도, 마음을 찢은 사람이 잘못을 지적하면 그 한마디 한마디에 능력이 있습니다.

무너진 성전 터 때문에 마음을 찢고, 성전 공사가 중단된 것 때문에 마음을 찢고, 다시 시작할 엄두도 못 내는 백성들의 유약함 때문에 마음을 찢고, 형식은 갖추었으되 진정으로 하나님을 찬양하지 않는 예배 때문에 마음을 찢는 사람, 그 사람을 통해 하나님의 역사는 시작됩니다.

◎ 너희의 하나님이 이르시되 너희는 위로하라 내 백성을 위로하라 너희는 예루살렘의 마음에 닿도록 말하며 그것에게 외치라 그 노역의 때가 끝났

고 그 죄악이 사함을 받았느니라 그의 모든 죄로 말미암아 여호와의 손에서 벌을 배나 받았느니라 할지니라 하시니라. 사 40:1-2

애통하는 자, 에스라와 느헤미야

2차 포로 귀환의 지도자 에스라의 모습을 다시 떠올립니다. 에스라는 역대하의 첫 독자들과 동시대 사람입니다. 그는 유다 백성을 다스리는 데 필요한 전권을 가졌습니다. 그러나 이방인들과 아무렇지도 않게 혼인하는 백성들 앞에서, 자신의 권력을 휘두르지 않았습니다. 대신 옷을 찢고 회개 기도를 드렸습니다. 그의 기도를 읽어 보면 그의 마음이 얼마나 애통하고 있는지 절절이 느낄 수 있습니다. 스 9장

특별히 주목할 것은, 그가 기도문에서 '우리'를 주어로 사용한다는 것입니다. 에스라는 '저 사람들이 잘못했습니다.'라고 하지 않고 '우리가 잘못했습니다.'라고 고백합니다. 범죄한 백성과 같은 자리에 내려가서 마음을 찢으며 기도한 것입니다. 명령하고 비판하는 사람이 아니라 마음을 찢는 사람, 그 사람에게 유다 백성들이 마음을 엽니다. 그래서 전심을 다해 자발적으로 이방인과의 혼인 문제를 해결해 갑니다.

느헤미야도 에스라와 같은 시대 사람으로 왕의 술관원장이었습니다. 술관원장은 독살이 횡행하는 시대에 왕이 가장 신뢰하는 최측근

이었습니다. 그런 그에게 예루살렘의 참상이 들려옵니다. 성벽이 무너져 적의 침입에 속수무책으로 당하고 있다는 것이었습니다. 이 말을 들은 느헤미야의 첫 반응은 이렇습니다.

> 내가 이 말을 듣고 앉아서 울고 수일 동안 슬퍼하며 하늘의 하나님 앞에 금식하며 기도하여 … 나와 내 아버지의 집이 범죄하여 주를 향하여 크게 악을 행하여 주께서 주의 종 모세에게 명령하신 계명과 율례와 규례를 지키지 아니하였나이다. 느 1:4, 6-7

비록 옷을 찢지는 않았지만, 느헤미야도 에스라와 같은 마음이었습니다. 하나님 앞에서 마음을 찢고, 범죄하여 징계 받은 이스라엘 백성의 한 사람으로서 하나님 앞에 회개 기도를 드립니다. 이렇게 마음을 찢을 때 하나님이 함께하셔서, 느헤미야는 제3차 포로 귀환의 지도자로서 예루살렘에 돌아와 성벽을 다시 세웁니다.

하나님도 마음을 찢으셨다

이렇게 요시야, 에스라, 느헤미야는 하나님 앞에서 마음을 찢으며 기도했습니다. 그러나 이들보다 먼저 마음을 찢은 이가 있습니다. 바로 하나님 아버지입니다. 하나님이 마음을 찢으신다는 것은 회개한다는 의미가 아니라 그만큼 아파하신다는 의미입니다. 당신의 백성을 감싸 주고 싶고 복 주고 싶은데 복 받을 만한 삶을 살지 못하는 모습을 볼 때, 하나님은 그지없이 안타까워하며 마음을 찢으십니다.

이런 하나님의 마음이 궁극적으로 드러난 것이 예수 그리스도의 성육신과 십자가입니다. 하나님이 이 땅의 죄악으로 인해 마음을 찢으셨기에, 그 찢어지는 마음으로 아들 예수 그리스도를 이 땅에 보내신 것입니다. 그리고 예수 그리스도는 만나는 사람들로 인해 그 마음을 찢으셨습니다. 그 마음으로 눈물도 흘리셨습니다. 요 11:35 그리고 십자가 위에서 그 몸을 찢으셨습니다. 이 땅에 죄악이 가득한데, 일일이 지적하여 호통치고 고치는 것이 아니라 그 죄악을 짊어지고 몸을 찢으신 것입니다.

그러므로 예수님을 믿는 사람들 또한 이 땅의 죄악으로 인해 마음을 찢습니다. 사도 바울은 이렇게 고백했습니다.

> 내가 그리스도 안에서 참말을 하고 거짓말을 아니하노라 나에게 큰 근심이 있는 것과 마음에 그치지 않는 고통이 있는 것을 내 양심이 성령 안에서 나와 더불어 증언하노니 나의 형제 곧 골육의 친척을 위하여 내 자신이 저주를 받아 그리스도에게서 끊어질지라도 원하는 바로라. 롬 9:1-3

'나의 형제 곧 골육의 친척'이란 유대인들을 말합니다. 바울은 전도

하러 다니는 길에 유대인들로부터 끈질기고도 극심한 핍박을 받았습니다. 그런데 그들을 미워하거나 대적하는 것이 아니라 그들로 인해 마음을 찢습니다. '큰 근심'과 '그치지 않는 고통'이라는 표현들이 바울의 찢어진 마음을 잘 나타내 줍니다. 그가 이루어 낸 위대한 업적들은 그의 능력으로 된 것이 아닙니다. 예수 그리스도의 심장을 따라가며 마음을 찢을 때, 하나님이 그를 통해 놀라운 기적들을 이루신 것입니다.

하나님이 찾으시는 사람

마음을 찢으시는 하나님, 예수 그리스도, 그리고 하나님의 사람들을 바라보면서, 나를 돌아보고 이 땅의 교회도 돌아봅니다. 오늘날 교회 안에 얼마나 다툼이 많은지요. 그 다툼의 당사자들은 다 나름대로 합리적인 이유를 가지고 있습니다. 상대편을 향한 비판을 들어 보면 다들 일리가 있습니다. 모두 옳은 생각, 옳은 방법, 옳은 일에 헌신한다고 생각합니다. 그런데 그렇게 옳은 사람들이 많음에도 교회의 다툼이 점점 심해져 갈라지는 일이 비일비재합니다.

그런 다툼들에 대해 이렇다 저렇다 말하고 싶지는 않습니다. 다만 한 가지 분명한 것은, 하나님이 찾으시는 사람은 소리 높여 주장하는 사람이 아니라 마음을 찢는 사람이라는 사실입니다. 에스라가 옷(마음)을 찢었던 것처럼, 요시야가 옷(마음)을 찢었던 것처럼, 예수 그리스도가 묵묵히 몸까지 찢으셨던 것처럼, 교회에는 마음을 찢는 사람이 필요합니다. 판단하는 사람이 아니라 마음을 찢어 회개하는 사람이 필요합니다. 교회에 문제가 있다고 이야기하지 않고, 그 문제를 내 문제로 끌어안고 마음을 찢는 사람이 필요합니다. 그러나 교회에 문제가 있을 때, 판단하는 사람은 많은데 마음을 찢는 사람은 드뭅니다. 그것이 교회의 문제를 더 어렵게 만듭니다. 말하기를 그치고 마음을 찢는 사람들이 나타나 조용히 무릎 꿇을 때, 주님은 주님의 교회를 치유하시고 하나 되게 하실 것입니다.

제가 원주영락교회에 부임할 때 일입니다. 교회 사택으로 이사한 다음날, 새벽기도회에 나가 기도하는데 주체할 수 없는 눈물이 흘렀습니다. 저 자신도 그 눈물 앞에서 당황했습니다. 그때 그렇게 울 만한 이유가 없었고, 저는 눈물이 거의 없는 사람이기 때문입니다. 교회의 상황을 자세히 아는 것도 아니고, 교인들의 간절한 기도제목을 아는 것도 아니었습니다. 그런데 왜 첫 새벽기도회 자리에서 그렇게 많은 눈물이 흐르는지, 도무지 이해할 수가 없었습니다.

나중에 그 눈물은 제 마음에서 나온 게 아니라 아파하시는 하나님의 마음에서 나온 것임을 깨달았습니다. 교회와 교인들의 마음이 많이 상해 있는 것을 보며 안타까워하시는 하나님의 마음이 그날 그 자리에 임한 것입니다. 이것은 그 교회에 필요한 목사는 잘잘못을 가려내고 일을 잘하는 사람이 아니라 교회와 교인들로 인해 마음을 찢는 사람이라는 하나님의 메시지이기도 했습니다. 그러나 담임목사로 있는 기간 동안 저는 하나님이 아파하셨던 만큼 마음을 찢으며 기도하지 못했습니다. 목사가 아니라 교인들이 새벽마다, 밤마다 모여 정말 마음을 찢으며 기도했고, 그 위에 하나님의 은혜가 풍성히 임하여 기막힌 회복의 역사가 일어났습니다.

세상을 위해 마음을 찢어라

예수 믿는 사람들은 세상을 향해 어떻게 행해야 할까요? 세상은 악하니, 그 세상을 등지고 교회로 오라고 해야 할까요? 아닙니다. 하나님은 교회를 세우실 때 그렇게 세상과 담을 쌓으라고 하지 않으셨습니다. 세상을 향해 비판하라고 하지도 않으셨습니다. 세상을 향해 마음을 찢으라고 하십니다. '하나님, 우리가 잘못했습니다. 하나님, 우리가 이렇게 죄악을 적당히 즐기고 있습니다.' 라고 기도하는 사람을 하나님은 찾으십니다. 에스라처럼, 요시야처럼 세상의 죄악을 내 문제로 받아들여 그것을 끌어안고 회개하며 하나님 앞으로 나아갈 사람을 찾으십니다.

나라가 혼란스럽고 세계가 서로 다툽니다. 이때 하나님이 찾으시는 사람은 명민한 사람이 아니라 나라와 세계를 끌어안고 마음을 찢는 사람입니다. 가족에게 문제가 있을 때, 나에게 문제가 있을 때도 마찬가지입니다. 그 문제를 생각하고 따지기 전에, 하나님 앞에서 마음을 찢으며 기도하는 사람에게 하나님이 함께하십니다. 그럴 때 인간의 지혜와 힘을 넘어서는 하나님의 은혜가 문제를 녹여 버릴 것입니다.

••• 역대하 한눈에 보기

역대하 33-36장

33장

히스기야의 아들인 므낫세는 통치 기간이 가장 긴 왕이자 55년 유다 역사상 가장 악한 왕입니다. 하늘의 일월성신을 경배하고, 성전에 우상의 제단과 우상을 만들고, 자신의 아들들을 불 가운데로 지나가게 하는 이방 의식을 행하는 등 33:2-7 므낫세의 악행은 상상을 초월합니다.

므낫세는 12세에 왕위에 올랐습니다. 히스기야가 병에 걸렸다가 간구함으로써 생명을 연장받은 기간은 15년입니다. 즉, 므낫세는 연장된 15년 중에 낳은 아들입니다. 이 15년은 히스기야가 영적으로 나태한 때였습니다. 히스기야는 자신의 교만 때문에 유다가 멸망하고 자손이 포로로 잡혀갈 것이라는 예언을 들었습니다. 그렇다면 늦게 얻은 아들 므낫세를 위해 기도해야 했습니다. 그러나 그렇게 하지 않았습니다.

아무리 경고해도 므낫세와 백성들이 듣지 않자, 하나님은 므낫세가 앗수르에 결박당해 가게 하십니다. 그러나 잡혀간 므낫세가 하나님께 간구하고 겸손하게 기도하자, 하나님은 그를 돌아오게 하시고 왕의 자리에 복귀시켜 주십니다. 33:12-13

그 후 므낫세는 달라졌습니다. 우상을 제거하고 하나님의 제단을 보수하며 백성들에게 하나님만 섬기도록 명령했습니다. 그러나 이미 저질러 놓은 악이 너무 커서 돌이키기엔 역부족이었습니다.

므낫세의 아들은 아몬왕입니다. 아몬은 악한 행위를 일삼다가 왕위에 오른 지 2년 만에 암살당했으며, 그에 관한 역대하의 기록도 5절밖에 안 됩니다. 33:21-25 유다 왕들 중 재위기간이 가장 짧았습니다.

34-35장

이 악한 왕들에 이어 왕위에 오른 요시야가 선한 왕이었다는 것은 하나님의 은혜입니다. 그가 마음을 찢었을 때 멸망을 향해 가던 유다 나라는 잠시 그 흐름을 멈추고 신앙 부흥의 길로 들어서는 듯했습니다. 그런데 통치 말년에는 영적 분별력이 흐려집니다. 애굽의 왕이 유다를 지나쳐 다른 나라를 치러 갈 때 요시야는 군대를 이끌고 그 길을 막습니다. 35:20 그리고 전쟁 중에 입은 부상으로 죽게 됩니다. 유다의 앞길을 정치적인 판단과 군사력으로 열어 가려 한 것이 잘못이었습니다.

36장

요시야의 죽음과 함께 유다는 급격히 무너져 내립니다. 36장 요시야의 아들 여호아하스가 왕위에 오른 지 석 달 만에 애굽 왕이 쳐들어와서 왕위를 폐하고 왕의 형제 엘리야김을 왕으로 세우고 이름을 여호야김으로 바꿉니다.

여호야김왕 제 11년에 이번에는 바벨론 왕이 쳐들어와서 그를 바벨론으로 잡아가고 그 아들 여호야긴이 왕이 됩니다(1차 포로). 그러나 얼마 후 바벨론 왕은 여호야긴도 잡아가고 그 숙부 시드기야를 왕으로 세웁니다(2차 포로). 시드기야왕 제 11년에는 바벨론 왕이 다시 쳐들어와 유다를 완전히 멸망시키고, 예루살렘을 파괴하고, 시드기야를 잡아갑니다(3차 포로). 마음을 찢는 왕과 신하들과 백성들이 없을 때, 하나님이 택하신 나라 유다도 멸망을 피하지 못했던 것입니다.

PRAYER
기도

하나님, 참 많이도 판단해 왔습니다.

다른 사람의 단점을 입에 올리기 좋아했습니다.

나라의 정치 현실을 개탄하며 욕하기도 했습니다.

그러나 오늘 요시야와 에스라를 보며 깨닫습니다.

제가 비판하기 좋아했던 그 문제들이

바로 저를 포함한 우리의 죄라는 사실을 말입니다.

주님, 이제 말하기 좋아하던 제 입을 닫겠습니다.

저를 위해 몸을 찢으신 주님을 따라

저도 이 땅을 위해 마음을 찢는 기도의 자리에 서겠습니다.

주님, 저를, 이 땅을 긍휼히 여겨 주옵소서.

깨끗할 수 없는 자리를 깨끗하게 하며

하나님을 대적하던 자를 거룩하게 하는 기적을 이 땅에 베풀어 주옵소서.

닫는 글

  가만히 앉아서 성경 본문을 읽고 또 읽으면, 보이는 것이 있습니다. 많이 나오는 단어가 보이고, 반복되는 표현이 보이고, 그 시대를 알려 주는 단서가 보입니다. 독자들의 상황이 보이고 당면한 문제가 보입니다. 그리고 질문도 생깁니다. 왜 역대상 9장의 명단에 정치 지도자의 이름이 아니라 떡 굽는 사람의 이름이 나올까? 왜 그 많은 다윗의 전쟁 이야기 가운데 말의 발 힘줄을 끊은 이야기를 굳이 기록했을까? 왜 요담왕은 훌륭한데 백성은 계속 악을 행했을까?

  이런 질문에 대한 답을 얻을 수 있는 곳은 없습니다. 남이 운동하는 것을 본다고 내 몸에 근육이 생기지 않고, 수학 문제를 답 보고 풀면 실력이 늘지 않습니다. 마찬가지로 남이 해석한 것을 읽는다고 해서 내게 통찰력이 생기지 않습니다. 질문에 대한 답을 찾는 것보다 답을 찾아가는 과정에서 얻는 통찰력이 중요합니다. 성령의 지혜를 구하면서 집요하게 생각하다 보면 '아하' 하는 깨달음을 얻을 때가 있습니다. 그 기쁨이 얼마나 큰지요.

  이 책을 통해 첫째로 나누고 싶은 것이 바로 이 통찰력입니다. 제가 질문하고 생각하여 얻은 답이 훌륭해서 나누고 싶은 것이 아니라, 제가 답을 찾아간 과정을 함께 나누고 싶습니다.

성경을 읽고 생각하면서 또 하나 얻는 것은 성경 저자의 마음을 공감하는 것입니다. 안타까움, 눈물, 책망, 기대, 기쁨, 축복의 마음이 전달되면서, 때로는 저자의 심장 뛰는 소리가 들리는 듯 합니다. 평생 떡 굽는 일을 했을 뿐인 맛디댜를 바라보신 하나님의 눈이 지금 나도 바라보고 계시니, 어찌 감격스럽지 않겠습니까? 이 책을 통해 이 감격을 함께 나누고 싶습니다.

말씀을 깊이 묵상하다 보면, 내 삶의 상황을 억지로 끼워 맞추지 않더라도 성경 말씀이 오늘 나에게 주시는 말씀으로 들립니다. 부끄럽습니다. 위로받습니다. 감사하며 새로운 결단도 하게 됩니다. 내 삶의 문제만 바라보던 눈을 들어, 이 땅의 주인이신 하나님을 바라보게 됩니다. 눈앞에 있는 문제를 넘어서, 나를 통해 이루고자 하시는 하나님의 기대를, 소망을 바라보게 됩니다. 좁쌀 같던 내 마음이 넓어지는 순간입니다. 그래서 무릎을 꿇습니다. 2500년 전 사람들의 이야기가 내 이야기로 들려오는 기적, 이 놀라운 은혜를 함께 나누고 싶습니다.

이 책에 표현하지 못한 것도 많습니다. 성경을 읽으며 물었지만 답을 얻지 못한 질문들입니다. 묻고 또 물어도 현재로서는 도저히 답을 찾을 수 없는 것이 참 많습니다. 이럴 때면 책을 덮고 눈을 감습니다. 내가 어찌 하나님의 뜻을 다 알겠습니까? 하나님 말씀의 오묘함을 어찌 다 깨닫겠습니까? 내 눈을 가리고 있는 욕심과 미련함을 통감하면서, 말씀을 있는 그대로 받아들이기를 구합니다. 이것은 깨달음의 순간 못지않은, 아니 그보다 더한 은혜의 시간입니다. 책의 내용으로는 나눌 수 없는 이 은혜까지도 여러분과 함께 나누고 싶습니다.

그러나 개인적으로 이 책을 통해 전달하고 싶은 메시지들보다 더 중요한 것은 우리 각 사람이 성경을 붙잡고 읽기 시작하는 것입니다. 그렇게 말씀을 읽는 이들에게 하늘의 감동과 능력이 더해지기를 간구합니다.